EINLADUNG ZUR GESTALTTHERAPIE

Foto: Hagen Willsch

Erhard Doubrawa (links), Stefan Blankertz, 2000

Erhard Doubrawa, 1955, arbeitet seit vielen Jahren als Gestalttherapeut. Er ist Gründer und Leiter der »Gestalt-Institute Köln und Kassel (GIK)« (gestalt.de). Private Praxen in Köln und Kassel. Herausgeber der Gestalttherapie-Zeitschrift »Gestaltkritik« (gestaltkritik.de) und einer Buchreihe zu Theorie und Praxis der Gestalttherapie (gikpress.de). Buchveröffentlichung in der gikPRESS u. a.: »Die Seele berühren: Erzählte Gestalttherapie«.

Stefan Blankertz, 1956, ist Sozialwissenschaftler und Schriftsteller (editiongpunkt.de). Seit vielen Jahrzehnten beschäftigt er sich mit Paul Goodman, dem Mitbegründer der Gestalttherapie. In der gikPRESS erschien u. a.: »Gestalt begreifen: Ein Arbeitsbuch zur Theorie der Gestalttherapie«.

therapeutenadressen service
Praxisadressen von Gestalttherapeutinnen u. -therapeuten. Infos siehe letzte Buchseite

Erhard Doubrawa
Stefan Blankertz

Einladung zur Gestalttherapie

*Eine Einführung
mit Beispielen*

gikPRESS

NEUAUSGABE
© 2000, 2018 by Erhard Doubrawa und Stefan Blankertz
© 2018 by gikPRESS,
Ludwig-Erhard-Str. 8, 34131 Kassel
Umschlagentwurf von Stefan Blankertz
unter Verwendung eines Bildes von © Magdalene Krumbeck
Herausgeber der gikPRESS: Erhard Doubrawa
Herstellung und Verlag:
BoD – Books on Demand, Norderstedt
Alle Rechte vorbehalten
ISBN 978-3-7528-3897-8

INHALT

Dem Gestalttherapeuten und -lehrer Erving Polster gewidmet.

LESERSTIMMEN

»Erhard Doubrawa und Stefan Blankertz ist ein wirklich hervorragendes Buch gelungen; beim Lesen dachte ich: das ist der Geist, in dem ich mir wünsche, dass Gestalttherapie ausgeübt wird. Erfrischend aufrichtig; Fokus auf Bewusstheit, nicht auf vorschnellem Machen; respektvoll und achtsam; und kritisch gegenüber Norm und Normalität, und Macht und Herrschaft. Ausgezeichnete Einführung für alle Gestalttherapie-Neulinge, egal ob professionell oder als Klient oder Interessent.«
Detlev Kranz, Hamburg, Gestalttherapeut

»[Die Autoren] wollten in leicht verständlicher Weise zeigen, was Gestalttherapie ist und wie sie arbeitet. Ein Anliegen, das gelungen ist. Ohne Einschränkung. Das Buch ist durch zahlreiche Fallbeispiele zu Therapieverläufen sehr anschaulich. Der erzählende, persönliche Stil erleichtert das Lesen und Verstehen erheblich.«
Monika Salchert, Buchbesprechung in der »Bergischen Post«

»Ich habe in den letzten Jahren selten einen Text gelesen, der einerseits die Gestalttherapie für Laien verständlich erklärt und gleichzeitig unterhaltend und frisch daherkommt. [...] Danke auch für solche Überschriften (und dazugehörige Texte) wie ›Anarchie gibt's nicht auf Krankenschein‹.«
Theo Schreiber, Aachen, Gestalttherapeut

»Wir möchten Euch unsere Freude über Euer neues Buch mitteilen: [...] Endlich ein Text, den man auch weiterempfehlen kann, damit andere spüren, was Gestalt ist. Super.«
Barbara Smith, Köln, Gestalttherapeutin und
Rainer Wetz, Köln, Organisationsberater

»Ich habe Euer Buch verschlungen! Mir hat der lockere Stil, die Herzlichkeit, das Wohlwollen, mit dem Du, Erhard, Deine Klienten und Dich selbst beschreibst, Einblicke in Deinen ›Zettelkasten‹ und Deine eigenen Erfahrungen gewährst, sehr gefallen – da waren viele Anregungen zum Weiterdenken und -fühlen, vieles was Lust macht auf mehr Gestalt – vielen Dank.«
Thomas Becher, Köln, Arzt

EINLADUNG

Provokative Einfühlsamkeit

Der Klinikseelsorger – selbst ein Gestalttherapeut – besucht die Station mit AIDS-Kranken. Der junge Mann, den er schon seit einigen Monaten begleitete, hat stark abgenommen. Sieht zum Herzzerreißen aus. Spindeldürr und klapprig. Der Seelsorger begrüßt ihn mit den Worten: »Bei der Auferstehung des Fleisches wirst du aber leer ausgehen.« Einen Moment ist es mucksmäuschenstill im Krankenzimmer. Dann bricht schallendes Gelächter aus. Der junge Mann lacht am lautesten und schlägt sich klatschend auf seine dürren Beine.

Gestalttherapeutischer Schluss: Der Klient erwartet – mit Recht – Ehrlichkeit vom Therapeuten. Er erwartet, dass er das Augenscheinliche wahrnimmt und auch benennt. Nicht Verschweigen hilft, sondern nur ein – liebevolles – Benennen.

Was Sie erwartet

... wir laden Sie, lieber Leser, ein ... ebenso zum Lachen wie zum Weinen ... ebenso zum Durchdenken wie zum Nachfühlen ... ebenso zum Beharren auf dem, was Sie sind, wie zum Loslassen und Verändern ... ebenso zum harmonischen Eingliedern in Ihre Umgebung wie zum aggressiven Rebellieren.

Wenn Sie am Ende sagen können, was »Gestalttherapie« ist, umso besser. Wenn nicht, auch nicht schlimm: Es geht uns nicht darum, Ihnen Lehrbuchwissen zu vermitteln, sondern Sie in einen Prozess einzubinden, von dem wir hoffen, dass er für Sie erfreulich ist.

Manche sagen, »Gestalttherapie« ließe sich nicht beschreiben, sondern nur erleben. Da ist etwas Wahres dran. Darum haben wir, der erfahrene Gestalttherapeut Erhard und der beinharte Theoretiker Stefan, verabredet, dieses Wagnis zu beginnen: Ein Buch über Gestalttherapie, das die Gestalttherapie erlebbar macht und dennoch nicht auf die Tiefe der Einsichten verzichtet, die die Gestalttherapie hinsichtlich des Menschen, seiner Psyche und seiner Gesellschaft bereithält.

Wir geben Ihnen zunächst unter der Überschrift *Zur Gestalttherapie* einen groben Überblick, was wir unter Gestalttherapie verstehen, wer wir sind, und was wir unter Gestalttherapie *nicht* verstehen. (»Grenzen ziehen« ist aus gestalttherapeutischer Sicht eine wichtige Lebenstätigkeit!) Dann lassen wir Sie dem Erhard bei der gestalttherapeutischen Arbeit über *die Schulter* blicken. Auf diese Weise erhalten Sie einen kleinen Einblick in die Praxis der Gestalttherapie. Unter der *Skizze der gestalttherapeutischen* Theorie finden Sie zentrale Ideen kurz und knapp dargestellt. Es erschien uns lebendiger (wenn auch methodisch gesehen unsystematisch), die Praxis und die Ideen vor die Erläuterung der gestalttherapeutischen Grundbegriffe zu setzen: Wenn Sie schon einen Eindruck davon haben, wie die Gestalttherapie arbeitet, werden Ihnen die Begriffe hoffentlich nicht fremd und leblos erscheinen.

Ein paar Worte zur *Geschichte der Gestalttherapie* stehen am Ende, obwohl die meisten Einführungen mit ihr anfangen. Wir aber haben den Eindruck, dass es langweilig ist, Sie mit Namen, Daten und Entwicklungen zu konfrontieren, die sich auf eine Theorie und Praxis beziehen, von der Sie vielleicht noch nicht viel wissen. Falls Sie jedoch lieber mit der Geschichte beginnen – lesen Sie ruhig »von hinten nach vorn«.

Nur Sie können am Ende sagen, ob uns das Wagnis, Sie zur Gestalttherapie einzuladen, gelungen ist. Bis dahin: Viel Spaß.

Erhard Doubrawa und Stefan Blankertz, 2000

ZUR GESTALTTHERAPIE

Fangen wir direkt schon mal an ...
Vergessen bitte Sie alles, was Sie eventuell schon über Gestalttherapie gehört haben. Sie haben noch nichts von ihr gehört? Umso besser. Gestalttherapie ist eine Einladung. Eine Einladung, dass Sie sich in der Welt – neu? – orientieren. Neu? Muss nicht sein. Bestimmen Sie Ihren Standort. Schauen Sie sich genau um. Nehmen Sie wahr, wie Sie sitzen oder liegen, während Sie diese Zeilen lesen? Hart oder weich? Angenehm oder unbequem? Wie ist die Luft? Genügend Sauerstoff? Zu warm oder zu kalt? Genau richtig sollte es sein. Sie brauchen jetzt nicht gleich zum Fenster zu stürzen und es zum Lüften aufzureißen. Fragen Sie sich lieber, warum Sie es gern so stickig haben! Lernen Sie, Ihre Vorlieben zu schätzen. Verändern Sie sie nicht. Und wenn Sie das erreicht haben, werden Sie merken, dass sich alles um Sie herum verändert hat – ebenso wie Sie selbst mittendrin. Das nennen die Gestalttherapeuten das Paradox der Veränderung.

»Therapie« heißt ja bekanntlich so viel wie »Heilung«. Wenn Sie Husten haben, wissen Sie genau, worin die Heilung bestünde: keinen Husten mehr haben. Bei körperlichen Beschwerden besteht das Kriterium der Heilung in einer gewissen körperlichen »Normalfunktion«. Viele psychologische Richtungen gehen ähnlich vor: Man versucht, eine psychische »Norm« zu definieren, und alles, was da abweicht, wird »wegtherapiert«. Aber wollen Sie das? Sicherlich wollen Sie, dass Ihr Körper »normal« funktioniert und Sie keine Schmerzen oder Beeinträchtigungen haben. Das könnte jedoch tief innen in Ihrer Seele ganz anders sein: Sie wollen gar kein »Normalbürger« mit statistischen Durchschnittseigenschaften und mit Durchschnittsbedürfnissen sein. Wenn das so ist, sind Sie bei der Gestalttherapie richtig: Denn der Gestalttherapeut fragt nicht danach, wie Sie vom Durchschnitt abweichen. Er fragt danach, ob Sie sich mit sich wohlfühlen. Er möchte, dass Sie sich angemessen verhalten – angemessen Ihrer tatsächlichen Umwelt gegenüber und sich selbst gegenüber, so wie Sie nun einmal sind.

Das Kriterium für die Heilung in der Gestalttherapie ist kein äußerer Maßstab, sondern die innere Gestalt: Fügt sich alles, was Sie sind, zu einem guten Ganzen? Oder gibt es Brüche und Widersprüche, Ungereimtheiten und Selbstbehinderungen, die Ihnen das Leben unnötig schwer machen? (Wir sagen: *unnötig*, denn ein leichtes Leben verspricht die Gestalttherapie nicht. Das tun nur Scharlatane). Dann können wir mit Gestalttherapie schauen, was sich machen lässt, um das zu ändern.

Das wichtigste Instrument der Gestalttherapie, um herauszubekommen, was denn nun angemessen ist, heißt Wahrnehmung. Das sei ja simpel, denken Sie. Haben Sie schon einmal festgestellt, wie wenig Sie (und, unter uns gesagt, wir alle) wirklich wahrnehmen? Zu Beginn des Kapitels haben wir Sie gefragt, in welcher konkreten Umgebung Sie dieses Buch lesen. Wir haben bei den Fragen einiges vergessen: Farben zum Beispiel und Gerüche. Versuchen Sie einmal, Ihre nächste Umgebung ganz genau zu beschreiben. Das ist gar nicht so einfach und ziemlich langwierig. Vergessen Sie sich selbst dabei nicht: Was haben Sie an? Wie atmen Sie? Schmerzen vielleicht Ihre Augen? Wie geht es Ihrem großen Zeh? (Meiner ist kalt.)

Das meiste, was wir mit unseren Sinnen wahrnehmen könnten, geht an uns vorüber. Das ist übrigens auch gar nicht schlimm. Es ist im Normalfall sogar ein Glück. Denn wenn wir immer alles ganz genau wahrnehmen wollten, kämen wir nie dazu, irgendetwas zu tun (außer wahrzunehmen). Die menschliche Wahrnehmung ist so angelegt, dass immer nur das Wichtige in den Vordergrund rückt. Das andere wird beiläufig als Hintergrund wahrgenommen. So nehmen Sie nicht genau wahr, wie es

Ihrem Fuß geht. Aber ist er »eingeschlafen«, tritt die Wahrnehmung des Fußes in den Vordergrund und die andere Tätigkeit, etwa das Lesen dieses Buches, tritt in den Hintergrund, und Sie schütteln Ihren Fuß aus. Diesen Vorgang nennt die Gestalttherapie Figur-und-Grund-Prozess.

In den Prozess von Figur und Grund braucht durch Therapie nur dann eingegriffen zu werden, wenn er nicht mehr so abläuft, dass Sie zufrieden sind. Beispielsweise sind Sie so darauf fixiert, dieses Buch zu lesen, dass Sie vergessen, etwas zu essen. Das ist schlecht. Also sollten Sie lernen, Ihrem Bauch und dessen Bedürfnissen mehr zuzuhören. Oder umgekehrt, Sie haben eine derartige Abneigung gegen das Lesen, dass Sie, sobald Sie dies Buch aufschlagen, Durst bekommen, das Buch weglegen und erst einmal etwas zu trinken holen. Auf diese Weise kommen Sie mit dem Lesen nicht weiter. Da sollten Sie dann lernen, wahrzunehmen, was Sie wirklich in einem Moment wollen.

Die therapeutische Arbeit an der Wahrnehmung ist eher mit dem Erleben als mit dem Verstehen verbunden. Wahrnehmung stellt immer eine enge Beziehung zwischen Ihnen und Ihrer Umgebung (zu der auch Ihr Körper gehört) her. Sie nehmen Ihre Befindlichkeit und die Befindlichkeit Ihrer Umgebung wahr, und das meiste, was Sie wahrnehmen, hat auch einen Gefühlswert. Wahrnehmung ist nicht wertfrei. Bei vielen Gerüchen, die Sie wahrnehmen, kommen Ihnen Erinnerungen, gute oder schlechte. Auf jeden Fall wird fast jeder Geruch entweder angenehm oder unangenehm sein. Das gleiche gilt für Farben, Formen und dergleichen mehr.

In der Gestalttherapie wird darum mit Ihrem eigenen Erleben gearbeitet: Indem Sie Ihre Wahrnehmung schärfen, erleben Sie sich und Ihre Umwelt. Dadurch kommt eine Veränderung zustande, wenn es um eine solche geht. Ihnen wird nicht, wie in manchen anderen Psychotherapien »erklärt«, wie Sie in der Welt sind und wie die eventuell unheilvollen Verstrickungen zustande kommen. Nicht das Verstehen (aufgrund von Erklärung), sondern das Erleben (aufgrund von Wahrnehmung) heilt nach Ansicht von der Gestalttherapie.

Die Arbeit an der Wahrnehmung bringt noch ein zentrales Kennzeichen der Gestalttherapie mit sich: Die Gestalttherapie hat ihr Augenmerk auf der Gegenwart, auf, wie Gestalttherapeuten sagen, dem Hier-und-Jetzt. Wahrgenommen (und erlebt) wird immer in der Gegenwart. Natürlich kann die Wahrnehmung, zum Beispiel von Zimtduft, eine Erinnerung etwa an Weihnachten in der Kindheit wachrufen. Gleichwohl bleibt die Wahrnehmung in der Gegenwart. Es ist auch nur die Gegenwart, in der Sie handeln und eventuell etwas verändern können. Die Vergangenheit steht fest (jedenfalls von den Fakten her, nicht aber von der Beurteilung her), und die Zukunft steht noch nicht fest. Wenn Sie sich also zu stark auf die Vergangenheit fixieren, werden Sie nichts ändern können. Wenn Sie dagegen mit Ihren Gedanken stets versuchen, die Zukunft vorwegzunehmen, werden Sie immer nur daran denken, etwas zu tun, den Zeitpunkt des Handelns allerdings häufig verpassen. Wahrnehmen heißt also auch: sich nicht durch Erinnerungen in der Vergangenheit festhalten oder durch Angst vor der Zukunft bewegungsunfähig machen zu lassen, sondern um sich zu schauen und nachzuspüren, was »wirklich Sache ist«. Auf diese Weise stärkt die genaue Wahrnehmung unsere Handlungsfähigkeit.

Wer Ihnen das alles erzählt

Wie kommen wir dazu, Ihnen das alles zu erzählen? Warum meinen wir, kompetent genug dazu zu sein, Ihnen zu sagen, was »Gestalttherapie« ist?

Erhard Doubrawa ist seit vielen Jahren als Gestalttherapeut und als Leiter des Gestalt-Instituts Köln (GIK; heute: Gestalt-Institute Köln und Kassel) tätig. Aber schon der alte Sokrates hat erfahren, dass man, wenn man einen Handwerker fragt, was er da tue, keine brauchbaren Antworten bekommt.

Stefan Blankertz ist seit vielen Jahren (unter anderem) als Autor sozialkritischer (und inzwischen auch literarischer) Bücher tätig. Eine Therapie hat er bis zum Jahr 2000, als dies Buch entstanden ist, noch nie mitgemacht. Aber der Volksmund sagt (vielleicht ja nicht ganz zu unrecht), dass man jemandem, der über etwas schreibt, das er bloß aus Büchern kennt, nicht trauen dürfe.

Also haben wir uns zusammen getan, um gemeinsam zu versuchen, was jeder für sich nicht optimal bewältigen kann: ein Buch über Gestalttherapie zu schreiben, das anschaulich ist, ohne es an Problembewusstsein mangeln zu lassen.

Zum ersten Mal begegneten wir uns Ende der 1980er Jahre. Damals war Erhard auf der Suche nach jemandem, der im Rahmen seines Instituts die theoretische, philosophische und politische Grundlegung der Gestalttherapie kompetent darzustellen vermochte. Wie kein anderer im deutschen Sprachraum hatte sich Stefan mit dem Leben und der Arbeit Paul Goodmans (1911-1972) befasst, der die politische und philosophische Dimension der Gestalttherapie von Anfang an entscheidend mitgeprägt hat. Aber Stefan war Soziologe, und Psychotherapie war für ihn vor allem ein Ärgernis und »kleinbürgerliches Vorurteil«.

Stefan hatte Erhard erklärt, dass der Mitbegründer der Gestalttherapie Paul Goodman[1] Anarchist war – also das Zusammenleben unter staatlicher Herrschaft ablehnte. Stattdessen sollte das Zusammenleben von selbstbestimmten und für die Konsequenzen ihres Handelns selbst verantwortlichen Menschen organisiert werden. Der Begriff »Anarchismus« verunsicherte Erhard zunächst, da er damals unter (guter) Politik irgendetwas links von der SPD verstand, etwas, das *mehr* (nicht *weniger*) Staat wollte. Ihm leuchtete jedoch ein, dass das anarchistische

---

[1] Zur Geschichte der Gestalttherapie sowie zu deren Begründern Fritz und Lore Perls und Paul Goodman gibt's hinten eine kurze Darstellung.

gesellschaftliche Ideal Goodmans besser mit den individuellen Zielen der Gestalttherapie übereinstimmte: Wir sprechen ja von Verantwortung, die wir für unser eigenes Tun übernehmen sollen, und von »organismischer Selbstregulierung«. Da ist für Herrschaft und Staat offensichtlich kein Platz mehr.

Dass sich Gestalttherapie immer auch als eine Therapie in Gesellschaft versteht, hatte Erhard übrigens bereits von Lore Perls gehört: Menschen sollen fähiger werden, ein selbstbestimmtes Leben zu führen. Lore sagte ihm, in »Gesellschaften, die mehr oder weniger autoritär sind« sei dies eine »politische Arbeit«.

In der Wertschätzung von Spiritualität machte umgekehrt Stefan den Schritt auf Erhard zu: Als Erhard vor rund zwei Jahrzehnten sein Institut gründete, gab es dort neben anderen Bereichen wie Selbsterfahrung, Supervision usw. auch einen Bereich »Politische Theologie«. Zu der Zeit arbeitete Stefan als Werbetexter und Computergrafiker. So kam es, dass er Erhards alternativ angehauchte Institution auch in Sachen »Öffentlichkeitsarbeit« unterstützte. Immer wieder hatte Erhard mit ihm Auseinandersetzungen um jenen Bereich der Politischen Theologie oder andere spiritualistische Angebote wie Meditation. Damals wollte Stefan niemandem dabei helfen, solches »Opium fürs Volk« zu verbreiten.

Als Stefan, den Erhard immer irgendwie als »Heiden« eingestuft hatte (tatsächlich war er aus der protestantischen Kirche ausgetreten und »konfessionslos«, als Erhard ihn Ende der 1980er Jahre kennen lernte), überraschend zu seiner Firmung in die St. Hubertus Kirche von Sinnersdorf einlud, spürte Erhard etwas sehr seltsames: Beim Sakrament der heiligen Kommunion wurde ihm die tiefe spirituelle Bedeutung des Ritus erneut deutlich – denn er selbst war aus dem Studium der katholischen Theologie zu den Protestanten »geflüchtet«. Mit dem Abstand von den vielen Jahren konnte er wieder wahrnehmen, was das Geheimnis des christlichen Glaubens ausmacht, ohne dass er sich durch die unerfreuliche Auseinandersetzung mit reaktionären Positionen der katholischen Kirchenobrigkeit hatte ablenken lassen.

Mittlerweile sieht Stefan zwischen der mittelalterlichen katholischen Philosophie – besonders der des Thomas von Aquin – und der Gestalttherapie eine enge Verbindung.[1] Die Art, in der Stefan jetzt Religiosität in sein Denken integriert hat, ist wohl verschieden von der Politischen Theologie, die Erhard damals verfochten hatte. Dennoch schließt sich so ein Kreis, der das unterstreicht, was das Gestalt-Institut Köln schon lange zum Motto hat – die Verbindung von Therapie, Politik und Spiritualität. Therapie ist sicherlich nötig, um den Menschen, die in unserer Gesellschaft an der Seele krank werden, zu helfen. Politik brauchen wir Therapeuten, um uns bewusst zu machen, dass eigentlich nicht die Menschen krank sind, sondern die Umstände, die sie krank machen. Aber ohne Spiritualität, die uns sagt, dass es zwischen Himmel und Erde mehr zu erfahren gibt, können wir auch keinen Seelenfrieden finden.

Bei der Integration von Therapie, Politik und Spiritualität stehen wir nach wie vor noch am Anfang. Das, was Erhard von Stefan gelernt hat, ist, mit Thomas von Aquin keinen unüberwindlichen Gegensatz zwischen Vernunft und Glauben, zwischen Denken und Erleben, zwischen ratio und Gefühl zu setzen. Es ist unsere Aufgabe, den Menschen wieder zu einem Ganzen zusammenzufügen: Es ist die Utopie des christlichen Glaubens, dass es zwischen Vernunft und Leidenschaft Frieden geben kann. Die Erfahrung der Trennung von beidem darf uns nicht derart verzweifeln lassen, dass wir aufgeben und meinen, uns zwischen dem rationalen »kühlen Kopf« oder dem emotionalen »Leben aus dem Bauch heraus« entscheiden zu müssen. Eine Utopie, die uns alle zusammenbringt: Therapeuten,

---

1 Vgl. sein Buch »*Gestalt begreifen: Ein Arbeitsbuch zur Gestalttherapie-Theorie*«, gikPRESS.

Theologen und diejenigen, die unter »Politik« verstehen, den Menschen mehr Macht über ihr Leben zu geben.

Was Gestalttherapie nicht ist

Gestalttherapie ist nicht unwissenschaftlich

Ach übrigens: warum Sie vergessen sollten, was Sie eventuell über Gestalttherapie schon gehört haben … es kursieren da einige Vorurteile, die zugegebenermaßen auch von manchen Gestalttherapeuten kräftig geschürt werden, von denen wir uns sehr scharf abgrenzen möchten.

Zum ersten besteht bisweilen der Eindruck, als wäre Gestalttherapie »unwissenschaftlich« und wolle sich der wissenschaftlichen Diskussion entziehen. Sie sei irgendwo zwischen »alternativer Medizin« und »Esoterik« angesiedelt. Die Gestalttherapie ist unserer Auffassung nach im Gegenteil diejenige Form Therapie, die mit am engsten an einer wissenschaftlichen Psychologie orientiert ist. Die Gestaltpsychologie nämlich hat mit ihrer Gehirnforschung folgende Einsicht zutage gefördert: Der Mensch nimmt nicht einzelne Sinnesdaten wahr, die im Kopf dann zusammengesetzt werden, sondern bereits sinnvolle Einheiten, die in der Psychologie schon lange »Gestalten« genannt werden. Am Beispiel des Auges wollen wir Ihnen erläutern, was das bedeutet:

Das Auge nimmt die Umgebung nicht wie ein Scanner wahr und sendet einzelne Punkte mit Farbe, Größe usw. an das Gehirn, das daraus erst ein Bild zusammensetzt und es dann erkennt. Vielmehr arbeiten Auge und Gehirn gemeinsam an der Wahrnehmung von Sinn. Darum heißt das entsprechende Organ »Sinnesorgan«.

Auch ohne Gehirnforschung kann das jeder an sich selbst überprüfen: Stellen Sie sich vor, Sie besuchen einen Bekannten, der gerade in eine neue Stadt umgezogen ist. Sie fahren das erste Mal durch diese Stadt und kommen dabei auch an der Geschäftsstraße vorbei. Wenn Sie Ihr Bekannter fragt, was Sie dort gesehen haben, antworten Sie: »Viele Geschäfte.« Fordert er Sie auf, sich genauer zu erinnern, gelingt Ihnen das nicht. Sie haben das Bild der Leuchtreklamen vor Augen, aber es ist Ihnen beim besten Willen nicht möglich, Einzelheiten zu erkennen. Wenn er Ihnen dann jedoch ein ganz bestimmtes Geschäft beschreibt – »ein roter Schriftzug mit dem Namen ›Müller‹« –, dann sagen Sie vielleicht: »Genau. Daran bin ich auch vorbeigekommen.« Auf einmal nimmt in der Masse dessen, was Sie gesehen haben, ein Detail eine scharfe Kontur an. Warum? Weil es einen Sinn zugeschrieben bekommt – Ihr Bekannter will Ihnen darüber etwas erzählen (vielleicht ist es sein Geschäft), und Sie erinnern sich dann gleichsam an etwas, das Sie vorher nicht gesehen haben. Der Sinnzusammenhang muss jedoch nicht gleich bewusst sein; aber einer unterschwelligen Wahrnehmung kann nur dann später ein Sinn zugeschrieben werden, wenn sie bereits als sinnvolle Einheit wahrgenommen wurde: ansonsten gäbe es nur einen unauflösbaren und ununterscheidbaren Wust an Eindrücken.

Dies ist, wie Sie wahrscheinlich gleich bemerkt haben, ein Beispiel für den »Figur-und-Grund-Prozess«, von dem wir Ihnen weiter oben erzählt haben: Diesen Prozess macht sich die Gestalttherapie in spezifischer Weise nutzbar, indem sie einen Klienten dazu bringt, im Hintergrund nach einem Sinn zu suchen, den er im Leben vermisst oder verpasst.

Gestalttherapie ist kein Methodenwirrwarr

Ein zweites weit verbreitetes Vorurteil gegenüber der Gestalttherapie sagt, sie sei nichts als ein Oberbegriff für ein Sammelsurium von unterschiedlichen psychotherapeutischen Methoden. Da wird mit dem Gespräch gearbeitet, mit den Träumen, mit dem Körper, mit der Atmung, mit Autosuggestion, da wird meditiert, vielleicht ein bisschen Yoga gemacht, geschrien, getobt, gesungen, getanzt, geschlagen, geküsst, da wird umarmt, gestützt, Hand aufgelegt, da wird von Dankbarkeit, Demut,

Trauer, Treue gesprochen, vielleicht sogar von Gott – heißt das nicht, dass Gestalttherapie alles das in sich birgt, was der bunte Markt der Therapien hergibt: Gesprächstherapie, Selbsterfahrung, Körperarbeit, Musiktherapie, Meditation und asiatische Medizin und dergleichen mehr?

Nein. Es ist zwar unserer Meinung nach in der Tat richtig, dass sich die Gestalttherapie nicht über die Verwendung eines Bündels von Methoden definiert (wie das viele andere Therapierichtungen tun). Es gibt jedoch ein anderes, durchaus exaktes Kriterium, um die Gestalttherapie gegenüber anderen psychotherapeutischen Ansätzen abzugrenzen. Dieses Kriterium ist die *Haltung*.

Ein Psychotherapeut folgt dann (und nur dann) dem Gestaltansatz, wenn er eine spezifische »Haltung« annimmt. Diese Haltung besteht darin, dass er, wie anfangs dargestellt, an den Klienten keinen äußerlichen Maßstab anlegt. Der Erfolg der »Heilung« wird in der Gestalttherapie nicht daran gemessen, ob es gelingt, den Klienten an einen derartigen Maßstab anzugleichen, sondern ob er den Platz in seiner Umwelt findet, der ihm selbst angemessen erscheint.

Diese Haltung ist übrigens nicht zu verwechseln mit dem verbreiteten Therapiemotto »erkenne dich selbst«. Es geht dem Gestalttherapeuten nicht darum, dass der Klient sein »wahres Selbst« findet und gegenüber der Außenwelt zur Geltung bringt. Der Gestalttherapeut versteht das Selbst des Klienten immer in dessen Wechselwirkung zur Welt. Dies nennt er das Organismus-Umwelt-Feld. Der Klient soll nicht sich selbst in Isolation erkennen (das ist vielmehr ein Teil des Problems!), sondern sich in der Umwelt wahrnehmen. Auf die Weise findet er seinen angemessenen Platz.

Wer die gestalttherapeutische Haltung einnimmt, kann dann in der Tat unterschiedliche Methoden anwenden: Methoden sind auch nicht losgelöst vom Therapeuten gut, richtig oder erfolgreich. Es müssen Methoden sein, die ihrerseits dem Therapeuten und dessen Persönlichkeit angemessen sind. Allerdings muss der Therapeut, wenn er den Gestaltansatz ernst nimmt, die Methoden, die er verwenden will, daraufhin überprüfen, ob sie in die gerade beschriebene Haltung passen.

Ganz grob gesagt sind alle diejenigen Methoden für die Gestalttherapie unangemessen, die den Klienten manipulieren – sei es, dass der Therapeut den Klienten manipuliert, sei es, dass der Klient lernt, sich mit ihnen selbst zu manipulieren.

Ein Beispiel, das an die Anfangssequenz anknüpft: Stellen Sie sich vor, Sie haben dieses Problem, dass Sie, wenn Sie lesen, nicht merken, wann Sie Hunger bekommen – Sie merken es erst, wenn Sie aufhören und haben dann Magenschmerzen. Ein Therapeut könnte Ihnen nun diesen guten Tipp geben: Stellen Sie sich einen Wecker, der Sie zu Ihrer Essenszeit »weckt«. Tun Sie das so lange, bis Sie auch ohne den Wecker gleichsam »automatisch« immer zur selben Zeit zu Lesen aufhören und etwas essen.

Es gibt keinen Zweifel daran, dass diese Methode (es ist eine aus dem Arsenal der »Verhaltenstherapie«) erfolgreich ist. Dennoch lehnt ein Gestalttherapeut sie ab: Sie haben damit nämlich durchaus nicht gelernt, Ihren Körper mit seinen Bedürfnissen wahrzunehmen. Sie haben nicht herausbekommen, warum Sie Ihren Körper so unterdrücken oder ausschalten. Im Gegenteil, Sie haben sowohl Ihren Körper (der Hunger hat) als auch Ihren Geist (der konzentriert lesen will) ausgetrickst. Sie wissen jetzt weder, was Ihr Körper will, noch was Ihr Geist will. Die »Therapie« hat nur einen bestimmten Einzelfall gelöst, nicht Ihr Problem.

Die Folge des ungelösten Problems ist, dass es neue Probleme geben wird (dies nennt man in der Psychotherapie Symptomverschiebung): Da Sie nicht nach Ihrem wahren Hungergefühl mit dem Lesen aufhören und zu essen beginnen, werden Sie vielleicht auch dann essen, wenn Sie gar keinen Hunger haben. Oder: Da sich Ihr Geist gegen die Unterbrechung beim Lesen sperrt, essen Sie vielleicht in Hetze und ohne Genuss. Oder: Da Sie sich durch den selbstauferlegten Essenszwang schon so stark gestört fühlen, »vergessen« Sie dann einfach, zur Toilette zu gehen, wenn es Zeit ist und bekommen Verstopfung.

Gestalttherapeutischer Schluss: Lieber ein Problem ungelöst lassen, als eine Veränderung herbeizuführen, die es am Ende schlimmer macht! Denn mit Ihren Problemen haben Sie bereits gute Lösungen gefunden. Die Therapie soll nur eingreifen (»intervenieren«), um entdecken zu können, ob es eine bessere Lösung geben könnte.

Sie sehen, welchen Unterschied es macht, Methoden nach dem scheinbaren Erfolg auszuwählen oder nach einer therapeutisch begründeten Haltung! Wir hoffen, Sie in diesem Buch von dem Wert der (gestalt-)therapeutischen Haltung überzeugen zu können...

Gestalttherapie ist nicht »humanistische Psychologie«
Nun zu dem letzten Vorurteil gegen die Gestalttherapie, das wir hier behandeln wollen. Es ist die Umkehrung des voraufgehenden Vorurteils. Man sagt manchmal, die Gestalttherapie sei eine von mehreren guten Methoden innerhalb der sogenannten »humanistischen Psychologie«. Als humanistische Ansätze werden alle diejenigen Psychotherapien bezeichnet, die die Entwicklung des Menschen im Auge haben (und in Abgrenzung zu Psychoanalyse und Verhaltenstherapie keinen Maßstab der Gesundheit oder Normalität zugrundelegen). Da die Gestalttherapie dies tut, gehört sie zweifellos zur humanistischen Psychologie. Daraus folgt nicht, dass alle Ansätze der humanistischen Psychologie miteinander kombiniert werden können. Aufgrund der gestalttherapeutischen Haltung, dass der Klient den ihm angemessenen Platz in der Welt suchen solle, kann der Gestalttherapeut dem Klienten keine »Lösungen« für dessen

Probleme vorgeben, kann er ihm keine Tipps und Tricks zeigen, mit seinem Leben und dessen Problemen fertig zu werden. Vielmehr begleitet er den Klienten dabei, für sich selbst die angemessene Lösung zu finden. Klienten kommen jedoch zum Therapeuten oft mit der Erwartung, dass der Therapeut ihre Probleme löst. Dieser Erwartungsdruck ist eine Versuchung für jeden Therapeuten, der ja seine Kunden zufrieden stellen möchte. Es liegt dann durchaus nahe, dass Gestalttherapeuten sich bei anderen Ansätzen nach den gewünschten Lösungen umschauen und diese bisweilen einsetzen.

Ja, das ist verständlich, und doch ist es mit der gestalttherapeutischen Haltung nicht zu vereinbaren. Vielleicht helfen Sie, wenn Sie zu einem Gestalttherapeuten gehen, ihm dadurch, dass Sie Ihre Erwartungen bezüglich der Lösungen, die er Ihnen vorlegen soll, zurückschrauben. Dies wäre sehr freundlich von Ihnen und würde Ihren Gestalttherapeuten dabei unterstützen, der Verlockung von »schnellen Lösungen« zu widerstehen.

ERHARD
ÜBER DIE SCHULTER GESCHAUT
Aus der gestalttherapeutischen Arbeit

Der Gestaltbohrer

Vor einigen Jahren schenkte mir mein Freund Horst ter Haar eine kleine silberne Bohrmaschine zum Anstecken. Er hatte sie bei einer Goldschmiedin für mich anfertigen lassen. Dieser *Gestaltbohrer*, wie er ihn nannte, stand für die Art und Weise, wie mich Horst – wenn wir Gruppen gemeinsam leiteten – hatte arbeiten sehen.

Inzwischen schäme ich mich manchmal, wenn mir der kleine silberne Bohrer wieder in die Hände fällt, etwa beim Aufräumen. Ich schäme mich jetzt, weil mir dann so manche Gruppenteilnehmer einfallen, die ich vielleicht mit der »bohrenden« Arbeit verletzt haben könnte.

Heute erlebe ich meine Arbeit anders. Eher langsam. Mit mehr Wohlwollen. Weniger konfrontativ. Ich lasse mir mehr Zeit. Ich folge vor allem den Phänomenen. Ich habe das Vertrauen, dass irgendwann die Figur in den Vordergrund tritt, die wirklich wichtig ist. Vertrauen, dass der Klient sich wirklich für diese Figur öffnen kann.

Für dieses Sich-Öffnen versuche ich, Raum zu schaffen, der frei von Bewertungen ist. Genauer: frei von den Bewertungen durch die erlernten (»introjizierten«) Moralvorstellungen (die Freud »Über-Ich« nannte). Einen Raum, in welchem wir betrachten und erforschen können. Einen Raum, in welchem wir nicht mit »flotten« Wertungen zur Hand sind. Einen Raum, in welchem Wohlwollen die Arbeit des Erforschens fördert und unterstützt. Dann kann Wichtiges vom Klienten benannt und gezeigt werden. Ohne, dass ich etwa »nachbohren« muss.

Nein, ich unterstütze ihn dann bei der Selbst-Entdeckung. Er ist es, der die Heilung vollzieht – nicht ich für ihn.

Bei dieser Arbeit bin ich nicht »bohrend«. Nicht »hartnäckig«. Wohl aber »beharrlich«!

Ich folge dem Klienten. Manchmal locke ich ihn auch. Doch mein Locken kann, nein: es darf nicht die Hauptsache der Therapie sein. Die Hauptsache sind vielmehr die Schritte, die der Klient von sich aus geht.

In einer Gruppe werden manche Teilnehmer bereits unruhig, während ich noch zuhöre – und zuschaue. Denn die Figur zeigt sich nicht immer in Worten, manchmal äußert sie sich in einer kleinen Geste. Eine geringfügige Veränderung der Körperhaltung, ein verändertes Atmen.

Meist sind solche kleinen Veränderungen dem Klienten gar nicht bewusst, sind nicht »in seinem Gewahrsein«, wie wir Gestalttherapeuten sagen. Meine Aufgabe als Therapeut ist es hier, seine Aufmerksamkeit auf sie hinzulenken, damit er sein Gewahrsein auch in diese Richtung entfalten kann.

Gestalttherapeutischer Schluss: In der »langsamen« Arbeit habe ich das Vertrauen, dass dem Klienten klar wird, wie er zu handeln hat (z. B. um ein Bedürfnis zu befriedigen), weil eine Figur in seiner Wahrnehmung deutlich (»prägnant«) werden darf. Er fühlt dann, dass er genug Energie zum Handeln zur Verfügung hat. Mit Prägnanz geht Energie einher.

Wie geht das praktisch vor sich? Also, ein Klient spricht von seinem Beruf. Er betont nachdrücklich, dass er seine Arbeit im großen Ganzen gern mache und guten Mutes am Morgen zur Arbeit gehe. Doch während er das betont, knurrt sein Magen. Auffällig. Ich frage ihn, worüber sein Magen knurrt. »Ja«, antwortet der Klient, »fast hätte ich es vergessen. Aber seit einigen Wochen ärgere ich mich häufig über etwas, nein, über jemanden auf der Arbeit. Seltsam, fast hätte ich es wieder vergessen.« Und nun nimmt er sich Zeit, darüber ausführlich zu sprechen. Sein Magen begleitet die Erzählung mit Knurren. Daraus erwächst, was wir (nach Erving und Miriam Polster) ein Gestaltexperiment nennen: Ich bitte den Klienten, die Geschichte knurrend zu erzählen.

Das Ergebnis: Der Klient hat viel Spaß dabei. Denn spielerisch findet er Zugang zu seiner Aggression – zu seiner Kraft.

Drei Erinnerungen an meine Lehrjahre
Gut genug 1

Das erste Jahr meiner Tätigkeit als Gestalttherapeut erlebte ich als einen einzigen Erfolg. Ich spürte die große Kraft der Gestalttherapie, spürte ihre Wirkung – und war von einem tiefen Stolz erfüllt.

Plötzlich bekam ich jedoch die größten Selbstzweifel. Ich war mir nicht mehr sicher, ob das gut war, was ich da machte. Ob ich gut genug war. Ich litt sehr unter diesem Selbstzweifel. Ich hatte so viele Fragen an mich selbst und traute mich fast gar nicht mehr, Fragen an meine Klienten zu stellen. Oder irgendwie gestalttherapeutisch zu intervenieren.

Eines Morgens rief ich in meiner Not meinen Mentor Milan Sreckovic an. Ich bekam ihn auch direkt ans Telefon. Schilderte ihm, was mit mir los war. Er lud mich ein, mit ihm noch am gleichen Tag Mittag zu essen. Dankbar nahm ich an. Was er mir an diesem Mittag im Kölner Restaurant Stadtgarten sagte, habe ich nie mehr vergessen. Er sagte mir, dass diese meine Zweifel wichtig und gut seien. Dass er schon darauf gewartet habe, dass mir diese Fragen kommen würden. »Hinter den vordergründig narzisstischen Fragen«, sagte Milan zu mir, »verbergen sich ethische Fragen.«

Gestalttherapeutischer Schluss: »Die Frage ist nicht«, sagte Milan, »ob du abstrakt gesehen gut genug bist, vielemhr: Bist du als Gestalttherapeut ›gut genug‹ für deine Klienten? Das ist die wichtigste Frage überhaupt.«

Mit dieser Frage sei ich auf meinem Weg als Gestalttherapeut einen entscheidenden Schritt weiter gekommen. Sie markiere einen qualitativen Sprung in meiner professionellen Entwicklung. Und dann sagte er mir, dass ich daran immer weiter arbeiten müsse, gut genug für meine Klienten zu werden. Dass die Ausbildung zum Gestalttherapeuten ein lebenslanger Weg sei. Dann verwies er mich zum Weiterlernen an seine Lehrer.

Gut genug 2

Bevor ich in La Jolla, USA, bei Erving und Miriam Polster in die Lehre ging, war ich bereits drei Jahre in Deutschland ausgebildet worden. Am Ende meiner Ausbildung hatte ich ein – fast möchte ich sagen »traumatisierendes« – Erlebnis, das zu einer starken Behinderung meines Lernens wurde.

Vor meinen Mitauszubildenden (»Peergruppe«) legte ich die Demonstration einer Gestaltarbeit mit einer Mitauszubildenden ab. Ich fand meine Arbeit ganz gut gelungen. Und gleichzeitig schämte ich mich am Ende der Arbeit sehr. Heute würde ich diese Scham positiv verstehen, nämlich als Zeichen der großen seelischen Tiefe der Arbeit. Damals war mir das nicht bewusst.

Als ich mit der Demonstration fertig war, ergriffen meine Peers das Wort. Der erste sagte: »Ich, an deiner Stelle, hätte ganz anders gearbeitet.« Ich war sehr verletzt und verschloss mich. Ich nahm mir vor, nie wieder vor Peers oder Kollegen zu demonstrieren.

Es ergab sich aber zu dieser Zeit, dass ich von Milan – meinem Lehrer und Mentor – eine Referenz für die Zulassung zur Ausbildung bei Erving und Miriam Polster erbeten hatte. Er war dazu nur unter der Bedingung bereit, dass ich versprechen würde, mindestens einmal in der Woche nicht nur vor Peers zu demonstrieren, sondern auch vor Erving oder Miriam. Notgedrungen sagte ich zu.

So machte ich in diesem ersten Sommer in La Jolla meine erste Arbeit unter Supervision von Erving. Es war fürchterlich. Ich war sehr aufgeregt. Ich verstand das Amerikanisch meiner Übungsklientin nicht richtig. Dann stieg Erving in meine Arbeit ein. Das empfand ich, natürlich, als Kritik an mir, nämlich dass ich seiner Meinung nach nicht gut genug gearbeitet hätte. Erving arbeitete eine Weile mit meiner Übungsklientin. Schließlich gab er mir die Arbeit zurück. Ich hatte das Gefühl, dass ich danach noch stümperhafter vorging. So etwa hatte ich mir die Arbeit unter Live-Supervision in meinen schrecklichsten Phantasien ausgemalt.

Meine Demonstration war zu Ende. Nun begannen die Peers mit der Rückmeldung.

Ich saß zusammengezogen da, stierte vor mich auf den Boden. Die erste Rückmeldung: »Weißt du, dass du ein ganz starkes Interesse am Klienten äußerst? Machst du das bewusst? Kannst Du mir das beibringen?«

Mir schossen die Tränen in die Augen. Ich war überrascht und gerührt von dieser Rückmeldung. Und das war erst der Anfang. Der Anfang eines reichen Sommers in La Jolla, wo ich (wieder) lernte, meine Arbeit vorzuzeigen, mir Rückmeldung zu holen. In den Ausbildungsgruppen am »Gestalt-Institut Köln« versuchen wir, diese Erfahrung einzubringen.

Gestalttherapeutischer Schluss: Stets ermutige ich die Trainees, ihre Arbeit vor der Gruppe zu zeigen. Nur so kann ich sie gut unterstützen, das was sie bereits können und was ihr persönlicher Stil ist, ganz in ihren Besitz zu nehmen. Nur so kann ich ihnen zeigen, was sie noch lernen können und müssen.

Ich glaube inzwischen, dass uns das ganz gut gelungen ist. Das folgende Beispiel möge das dokumentieren: In einer unserer ersten Ausbildungsgruppen hatte eine Teilnehmerin eine Demonstration mit einem Peer vor der Gesamtgruppe gemacht. Die Arbeit war abgeschlossen. Und dann kam die erste Rückmeldung eines männlichen Teilnehmers: »Ich möchte dir danken, dass ich Zeuge deiner Arbeit hier sein durfte. Sie hat mich sehr berührt.« Und eine weibliche Teilnehmerin: »Ich finde es sehr großzügig von dir, dass du deine Arbeit uns auf diese Weise zur Verfügung stellst.« Ich spürte eine tiefe Freude. Genau so hatte ich es mir gewünscht.

Die Haltung der Achtung

Als ich Bert Hellinger zum ersten Mal arbeiten sah, war ich fasziniert von der großen Aufmerksamkeit, die er den Körperhaltungen schenkte. Als Gestalttherapeut hatte ich das auch gelernt. So fühlte ich mich bei ihm wie zuhause.

Er machte uns durch Erleben verständlich, wann eine Haltung Achtung ausdrückt und den Gegenüber würdigt: Den Kopf leicht gesenkt. Kaum merklich. Ich spüre eigentlich nur die Entspannung meiner Nackenmuskulatur. Ich werde durch dieses Senken des Kopfes gar nicht kleiner. Wahrscheinlich – man sollte das einmal nachmessen! – sogar einige Millimeter größer.

Aus dieser Haltung des Gleichberechtigten kann ich meinem Gegenüber Achtung zollen, ihn würdigen. Wenn ich den Kopf tiefer senke, drücke ich Ergebenheit und Unterordnung aus. Eine solche Haltung schwächt die Wirkung der Würdigung. Ich stehe ihm als Unterlegener, als Untergeordneter gegenüber. Dann verneige ich mich vor seiner Macht. Auf diese Weise könnte ich seine inhaltliche Kompetenz nicht wirklich achten.

Gitte: Das Sakrament der Ehe

Gitte[1] war zuerst in ein oder in zwei gestalttherapeutischen Jahresgruppen, die ich zusammen mit einer Kollegin Ende der 1980er Jahre leitete. Dann begann sie mit Einzelsitzungen bei mir. Häufig wiederkehrendes Thema waren ihre sehr unglücklich verlaufenden und endenden Männerbeziehungen sowie ihr deswegen schwindendes Selbstwertgefühl. Als wir die gemeinsame Arbeit dann beendeten, hatte sie ihren neuen Freund Bernd kennengelernt. Ich hörte hin und wieder noch etwas von ihr oder über sie. Vornehmlich, dass es ihr mit Bernd wirklich gut ginge. Schließlich verlor ich den Kontakt. (Das ist für einen Therapeuten auch gut so.)

Fast 10 Jahre später meldete sich Gitte zu einem meiner offenen Gestalt-Wochenenden an. Ich freute mich, sie wiederzusehen. Doch ich erschrak, als sie den Raum betrat: Unverhältnismäßig gealtert, blass, mit starren Bewegungen, dunklen Ringen unter den Augen, tiefen Furchen im Gesicht. Ohne das Leuchten ihrer Augen, das mir vertraut war.

Was war geschehen? Gitte war schwanger geworden. Und kurze Zeit später hatten sie und Bernd das Aufgebot bestellt. Sie wollten bald heiraten. Aber Bernd hatte einen tragischen Autounfall. Aus dem anschließenden Koma ist er nicht mehr erwacht. Die schwangere Gitte saß tagelang an seiner Seite, bis er starb.

Das Schicksal hatte seinen Lauf genommen.

Bernds Eltern mochten Gitte nie. So haben sie sie dann verstoßen. Bei der Beerdigung verhinderten sie, dass Gitte in der Friedhofskapelle in der ersten Reihe saß. Sie wurde weggedrängt. Auch am offenen Grab.

Voll Schrecken, Trauer und Schmerz brachte sie einige Monate später ihr Kind, einen gesunden Sohn, zur Welt. Sie nannte ihn

---

[1] In allen Fällen wurden die Namen und biographischen Informationen zum Schutz der Klientinnen und Klienten verändert.

Lars, wie es Bernds und ihr Wunsch gewesen war. Die Eltern von Bernd, also Lars' Großeltern, vermieden auch weiterhin den Kontakt.

Ihr größter Schmerz war es, dass sie nicht einmal mehr vorher hatten heiraten können.

Im Zuge der Arbeit mit Gitte erzählte ich ihr, dass ich lange Zeit katholische Theologie studiert habe. Mir erschiene – gerade in ihrer Situation – das katholische Sakramentenverständnis hilfreich. Ein Sakrament sei das äußere Zeichen für die unsichtbar wirkende Gnade Gottes. So sei die Trauung nur der sichtbare Teil eines wichtigeren Unsichtbaren.

Wir arbeiteten dann gemeinsam heraus, dass sie innerlich schon längst verheiratet waren. Sie bekam den wunderschönen Winterstrauß, der den Gruppenraum zierte, als den Brautstrauß, den sie nie bekommen hatte.

Sie nahm ihn mit nach Hause. Brautsträuße haben schon etwas besonderes. Wenn es nicht der eigene war, den man fängt, dann soll er ja die Wirkung haben, einen Mann fürs Leben zu finden. Gitte fand ihn einige Jahre später.

Gestalttherapeutischer Schluss: Heilung der Wunden, die Trauer oder Verletzungen in der unveränderbaren Vergangenheit gerissen haben, geschieht weder durch Verdrängung noch durch ein Nachholen der Aggression, sondern durch die Versöhnung. Ein wohlwollendes Abschließen mit der Vergangenheit macht frei für die gute Zukunft.

Petra, vom Kleinmachen

Petra hatte sich von Klaus, ihrem Ehemann, getrennt, den sie so sehr liebte. Sie war einfach nicht mit seiner »Aggressivität« in der Sexualität klargekommen. Sie fühlte sich bedroht von seiner Lust, mochte es nicht, wenn er sie »richtig anpackte«. Sexualität hatte für sie nur sehr wenig mit Lust und Heftigkeit zu tun. Sie mochte gerne Schmusen. Weiche Sexualität. Und so kamen die beiden in diesem Bereich nicht miteinander zurecht. Inzwischen hatte sie einige Freunde gehabt und gute Erfahrungen mit »weicher« Sexualität gemacht, Zärtlichkeit genossen. Doch immer hat sie an Klaus denken müssen. Schließlich kamen die beiden erneut zusammen. Nach kurzer Zeit ängstigte Petra sich wieder vor der Sexualität mit Klaus, vor seiner kraftvollen Lust. Gerade in dieser Zeit erinnerte sie sich an eine wirklich schlechte Erfahrung, die sie mit einem Mann gemacht hatte, als sie 15 Jahre alt war (also vor mehr als 25 Jahren). Sie war von diesem Mann bedrängt worden, als sie nicht bereit war, mit ihm zu schlafen. Sie fand sich nackt mit ihm in seinem Bett wieder. Sie erinnerte sich noch gut an sein großes Glied, steif und heiß. Was dann geschah, daran konnte sie sich nicht mehr erinnern. Übrig geblieben war jedoch Angst vor bedrängender Sexualität.

Nun wollte sie aber mit Klaus zusammenbleiben. So schlug ich ihr als ihr Therapeut folgende Phantasie vor: Sie solle sich sein erigiertes Glied vorstellen, wenn sie zusammen Sex hatten. Dann sollte sie sich sagen: »Warte nur, ich mach' Dich klein!« Diese Therapie fand in der Gruppe statt. Während der Arbeit hatte sich die Atmosphäre sehr gelockert. Die Leute – ganz besonders die Frauen – lachten und hatten viel Spaß bei diesem Gedanken. Bei unserem nächsten Gruppenwochenende, rund acht Wochen später, berichtete Petra von ihren guten Erfahrungen auf einem für sie ganz neuen Gebiet: Sie hatte ihre eigene lustvolle und aggressive Sexualität entdeckt. Sie genoss diese sehr.

Gestalttherapeutischer Schluss: Liebe, Lust und Aggression sind keine Gegensätze – wer sie auseinanderreißt, wird unglücklich. Manches Mal muss man den Anderen sogar »klein machen«, um ihn groß zu lieben.

Kürzlich traf ich Petra beim Einkaufsbummel in der Stadt. Inzwischen ist sie, wie ich erfuhr, seit vielen Jahren glücklich mit Klaus verheiratet. Sie erzählte mir, dass sie mit der Ausbildung zur Sexualtherapeutin begonnen hat. Das hat mich sehr berührt.

Der Therapeut ist nur der Steigbügelhalter

Folgendes hat vor fast zwei Jahren in einem Wochenendworkshop stattgefunden, an welchem mehr Männer als Frauen teilnahmen. Nun könnte man vielleicht vermuten, dass mehr über die (therapeutische) Arbeit geredet, als dass tatsächlich »gearbeitet« wurde. Das wird Männern ja nachgesagt. Doch das war ganz gewiss nicht der Fall.

Allerdings wurde nach den (tiefen und bewegenden) Arbeiten noch über die Arbeiten gesprochen, um sie besser zu verstehen. Im Rahmen eines solchen Gesprächs sagte ich, dass der Klient das Recht habe, zu scheitern. Ich als Therapeut dürfe mich nicht in das Schicksal des Klienten einmischen. Sich nicht einzumischen, sei manchmal schwer auszuhalten, denn da käme ich mit meinem »Größenwahnsinn« (Narzissmus) in Kontakt. Manchmal erläge ich meinem Narzissmus, hätte ihn nicht gut im Griff.

Darauf erzählte Alex, ein praktischer Arzt, dass er seine Arbeit in ähnlicher Weise bloß als ein »Steigbügelhalter« verstehe. Ich bat ihn, in der Gruppe aufzustehen, und den »Steigbügelhalter« vorzumachen. Er tat dies bereitwillig.

Alex steht also mitten in der Gruppe und macht eine Geste, als würde er einen Steigbügel halten, damit der Reiter hineintreten kann. Dabei hält er seinen Kopf leicht gesenkt, blickt auf seine Hand und den imaginären Steigbügel in ihr. Stille breitet sich in der Gruppe aus. Fast andächtig. »So sieht Demut aus«, sage ich. Einige weinen gerührt. Auch ich.

Paare

Die Arbeit mit Paaren finde ich besonders bewegend und berührend. Nicht selten habe ich Tränen der Rührung in meinen Augen, und ich spüre große Dankbarkeit, die beiden Partner auf ihrem gemeinsamen Weg eine Zeitlang unterstützen zu können. Ich habe mit vielen Paaren gearbeitet. Schon bald, nachdem ich Gestalttherapeut geworden bin, fing ich damit an. Zu manchen Zeiten arbeite ich in meiner Praxis mit genauso vielen Paaren wie Einzelklienten. Ich leite auch Wochenend-Workshops für Paare.

Ich arbeite prinzipiell allein, d.h. ohne Co-Therapeutin, mit einem Paar. Bei manchen meiner Kolleg*innen hat das Unverständnis hervorgerufen. Diesem Unverständnis liegt eine bestimmte Auffassung von der Paartherapie zugrunde. Viele meiner Kolleg*innen wenden das Modell der Einzeltherapie auch auf die Paartherapie an: In der Einzeltherapie ist der Therapeut der Verbündete des Klienten. Wenn man dieses Modell auf die Paartherapie überträgt, liegt die Sorge nahe, dass sich ein einzelner Therapeut mit einem Teil des Paares gegen den anderen verbündet. Dann ist es notwendig, einen Co-Therapeuten hinzuzuziehen, um dieser Einseitigkeit entgegenzuwirken.

Ich jedoch verstehe mich in meiner paartherapeutischen Arbeit anders als in meiner einzeltherapeutischen Arbeit: Als Paartherapeut sehe ich mich eher als Vermittler (»Mediator«) – also als Verbündeter des Paares. Ich möchte das Paar unterstützen, wieder und *besser* miteinander in Kontakt zu kommen. Das, was in einer Gestalttherapie heilt, ist die Begegnung zwischen Menschen – »Heilung in der Begegnung«, nennt das der jüdische Religionsphilosoph Martin Buber.

Bei Paaren haben sich häufig Mechanismen der Kontaktvermeidung in die Beziehung eingeschlichen. Man stellt sich vor, was der Partner denkt, will, wünscht … Aber man begegnet sich nicht mehr tatsächlich.

Übrigens gilt das auch für andere Beziehungen. Gerade arbeite ich mit drei Geschwistern, die sich zutiefst lieben und einander einmal sehr nahe standen. Jetzt, wo das Erbe ihrer Eltern übernommen werden soll, merken sie, dass sie sich seit einigen Jahren aus dem Weg gegangen sind. Das geschah ganz unmerklich, verbunden mit Umzügen. Jetzt aber ist es spürbar geworden. Seelisch begegnen sie einander nicht mehr. Eigentlich hat das als ein »guter« Schutzmechanismus begonnen: Als der eine Bruder sich von der Schwester verletzt fühlte, hat er sich von ihr zurückgezogen. Doch dieser Schutzmechanismus ist starr geworden, und man zieht sich auch dann von einander zurück, wenn es gar nicht mehr notwendig wäre.

Wie arbeite ich nun mit Menschen, die einander nahe stehen? Zunächst unterstütze ich sie, wieder mit einander ins Gespräch zu kommen. Über ganz Alltägliches, über das Hier-und-Jetzt, über Freunde und Verwandte, über die Kinder... langsam auch über das Thema der schmerzhaften Verletzung.

Wenn dieser Punkt erreicht ist, arbeite ich mit einem Drei-Schritte-Modell. Der eine Partner erzählt von der erfahrenen Verletzung, den anderen Partner frage ich dann:

1. »Was hast du gehört?« Als Antwort gibt er kurz wieder, was er gehört hat. Ich achte darauf, dass er sich bloß auf die Wiedergabe des Gehörten beschränkt und dabei nicht bewertet. Das ist gar nicht so leicht, wie es sich anhört. Es ist nämlich richtig schwer, am Phänomen zu bleiben.

2. »Was ist deine innere Resonanz darauf? Was löst das Gehörte bei dir aus?« Er soll sich noch nicht an den Partner wenden, sondern nur seine »innere Antwort« erforschen und aussprechen. Dann erst kommt der dritte Schritt:

3. »Was möchtest du deinem Partner über dein inneres Erleben berichten?«

Dann ist der andere Partner auf die gleiche Weise, d.h. auch mit diesen drei Schritten dran. Ich bestehe darauf, dass kein Schritt ausgelassen wird. Im Alltag geschieht das nämlich häufig. Dann versteht der eine Partner manchmal gar nicht, was der andere sagt. Er glaubt bloß, ihn zu verstehen und er reagiert nicht auf das Gesagte, sondern nur darauf, was er angenommen hat, dass es gemeint war.

Gestalttherapeutischer Schluss: In der Gestalttherapie nennen wir das »mangelnden Kontakt mit einander«. Der (Gesprächs-) Partner ist hierbei ausschließlich in Kontakt mit sich selbst: Er versteht nicht, er phantasiert (»projiziert«) vielmehr.

»Projektion« ist ein wichtiger Begriff in der Gestalttherapie. Wenn jemand projiziert, läuft das so ab: Er sagt zu sich: »Mein Gesprächspartner meint B.« Dieses »B« wird jedoch nicht überprüft, sondern unterstellt. Er reagiert mit »Y« auf diesen unterstellten (projizierten) Inhalt. Der Gesprächspartner erfährt jedoch nicht, dass »B« verstanden worden ist, sondern unterstellt seinerseits, dass »Y« eine Reaktion auf seine ursprüngliche Botschaft »A« sei. Er findet es verständlicherweise unangemessen, dass mit »Y« auf »A« reagiert wird und reagiert seinerseits mit »Z«. In der Alltagssprache sagt man dann, dass die beiden »aneinander vorbeireden«.
Die Ursache für das »Aneinander-Vorbeireden« ist die Projektion. Das wird meist übersehen. Und die Projektion resultiert daraus, dass die Gesprächspartner nicht genügend Aufmerksamkeit gegenüber den Phänomenen aufbringen, dass es ihnen an »Gewahrsein« fehlt. Darum arbeiten wir in der Gestalttherapie so hart an einer Verbesserung des Gewahrseins.

Reisen ist doch *unser* Hobby
Vor fast 10 Jahren leitete ich ein Gestalttherapie-Wochenende für Paare. Dort nahm ein Paar teil, das ich vorher nicht kannte, und das ich auch danach nicht wiedergesehen habe. Die beiden waren mehr als 25 Jahre verheiratet. Doch seit einigen Monaten kriselte ihre Beziehung. Ich erinnere mich nicht mehr ganz ge-

nau, glaube aber, sie hatte an einer Weiterbildung für Kindergärtnerinnen teilgenommen. Im Rahmen dieser Weiterbildung kam sie zum ersten Mal mit therapeutischer Gruppenarbeit in Berührung. Seitdem war sie recht unzufrieden mit ihrer Ehe. Sie beschwerte sich vor allem darüber, dass ihr Mann kein Interesse an ihr habe.

Ich fragte genauer nach, was sie denn darunter verstehe, »Interesse an ihr zu haben«. Sie antwortete, dass er keine Fragen an sie richte. Also ermutigte ich ihn in der Gruppe, ihr Fragen zu stellen. Aber ihm fiel überhaupt keine einzige Frage ein, die er ihr hätte stellen können. Als Gestalttherapeut gehe ich davon aus, dass ein Verhalten, das uns heute behindert, früher einmal überlebenswichtig gewesen ist. In diesem Falle hieße das: Es muss für den Mann ehedem hilfreich gewesen sein, keine Fragen zu stellen. Ich sagte ihm das, und er entspannte sich merklich.

Nun begann ich, ihn zu befragen und zwar darüber, wie er seine jetzige Frau kennengelernt habe. Langsam begann er zu erzählen. Sie habe in derselben Firma gearbeitet wie er. Sie hätten sich häufiger im Flur und im Treppenhaus des Bürogebäudes getroffen. Sich immer freundlich gegrüßt. Später hätten sie einmal gemeinsam auf den Aufzug gewartet. Dabei waren sie zum ersten Mal ins Gespräch gekommen. Das eine kam zum anderen. Und irgendwann lud er sie zu einem Fest ein. Seitdem waren sie zusammen. Mehr als ein Vierteljahrhundert.

Ich fragte nach, was er von seiner Frau aus der Zeit wusste, bevor sie ihn traf. Das war nicht sehr viel – außer, dass sie verlobt gewesen war. Er zuckte zusammen, als er das aussprach. »Wie lange?«, wollte ich wissen. Er wusste es nicht genau. Ich ermutigte ihn, seiner Frau eine der heißersehnten Fragen zu stellen. Zaghaft fragte er nach. Blickte sie dabei nur ganz kurz an. War ganz scheu. Sie antwortete ihm bereitwillig. Sie sei vier Jahre verlobt gewesen. Die Verlobung sei ein gutes halbes Jahr vor ihrer ersten Begegnung aufgelöst worden.

»Vier Jahre?!«, entglitt es ihm.

»Ja«, sagte sie, »dies ist eine wirklich lange und wichtige Beziehung für mich gewesen.«

Er schwieg. Fragte nicht weiter. Ich war erstaunt. Ich bat ihn erneut, eine Frage zu formulieren. Er fragte, was an dieser Beziehung so wichtig gewesen sei. Sie antwortete wieder bereitwillig, dass ihr Verlobter und sie viel gereist seien, dass er ihr »die Welt« eröffnet habe.

»Aber Reisen ist doch *unser* Hobby«, sagte er dann.

Sie stimmt zu. Ergänzte aber, dass sie diejenige gewesen sei, die dies in ihre gemeinsame Beziehung eingeführt habe.

Er nickte. Hierbei wirkte er abwesend und unruhig. Fast erschrocken. Wieder schwieg er.

Wieder ermutigte ich ihn zu einer Frage.

Wohin sie denn gereist seien, fragte er seine Frau.

Vor allem zu zwei Orten, nach X und Y.

Er wurde leichenblass. War wie erschüttert.

»Aber«, sagte er, »das sind doch unsere gemeinsamen Lieblingsferienorte.«

»Ja«, antwortete sie, »natürlich, und die hat mir mein früherer Verlobter gezeigt.«

Er schwieg. Blickte auf den Boden. Biss die Zähne zusammen. Dann sagte sie, dass sie in der Tat mehrere Male vorher dort gewesen sei. Doch – und das war ihr wichtig zu betonen – sie hätten nie in dem Hotel übernachtet, wo sie vorher mit ihrem Verlobten Urlaub gemacht hatte.

Ihm stiegen die Tränen in die Augen. Dankbar sah er sie an.

Sie sagte, dass ihr Mann immer sehr eifersüchtig gewesen sei. Aber er habe sie nie nach ihrem Verlobten gefragt. Sie habe dies respektiert. Sie habe gespürt, dass sie ihn irgendwie habe schützen müssen. Es sei ihr richtig erschienen, wieder zu ihrem Lieblingsort zu fahren und gleichzeitig habe sie mit ihrem Mann ein »eigenes«, ein »neues« Hotel suchen wollen, das dann ihr gemeinsamer Platz werden sollte. Genauso war es geschehen. Gerührt dankte er ihr.

Gestalttherapeutischer Schluss: Schwierigkeiten waren einmal Lösungen. Wenn Lösungen allerdings im Laufe der Zeit Schwierigkeiten werden, müssen wir neue Lösungen finden – ohne den alten Lösungen »Vorwürfe« zu machen.

Die Schwierigkeit dieses Paares hat sich als »Kleinigkeit« herausgestellt. Wäre sie jedoch nicht gelöst worden, hätten sich die beiden zunehmend voneinander entfremdet.

Bei der Auflösung derartiger Schwierigkeiten ist zu beachten, gegenüber der Vergangenheit nicht den anklagenden Zeigefinger zu heben. Etwa von der Frau aus gesehen: »Du hättest mich doch schon damals fragen können.« Nein, das wäre nicht gut gewesen, weil zu schmerzhaft. Oder vom Mann aus gesehen: »Du hättest mir gleich sagen müssen, dass du unsere Ferienorte bereits mit deinem Ex-Verlobten besucht hattest.« Nein, dann hätten die beiden vielleicht niemals ihre Orte gefunden.

Nicht die Vergangenheit ist in Unordnung, wenn in der Gegenwart etwas nicht funktioniert, sondern die Gegenwart. Wer die unveränderbare Vergangenheit meint verändern zu müssen, um die Gegenwart zu heilen, der scheitert. Heilung finden wir ausschließlich in der Gegenwart, damit es eine gute Zukunft wird.

Wenn ich in der Therapie einschlafe

Sehr selten schlafe ich in der Therapie ein. In der Lehranalyse mit Harald kann ich mich jedoch kaum wach halten. Ich überprüfe, ob ich in der letzten Nacht zu wenig geschlafen habe. Das ist nicht der Fall. Ich frage mich, ob ich mich auch sonst in dieser Zeit so müde und ausgelaugt fühle. Auch das ist nicht der Fall. Also könnte dies mit meinem Klienten zusammenhängen. Wieder kommt er zu einer Sitzung. Er beginnt zu sprechen. Eine unglaubliche Müdigkeit senkt sich über mich. Ich merke, wie ich nach drei Minuten Therapie mit ihm bereits zum ersten

Mal kurz einnicke. Er scheint das nicht bemerkt zu haben. Mir ist das dennoch äußerst peinlich. Kurze Zeit später geschieht es mir wieder. Ich meine sogar, in einen leichten kurzen Traum zu sinken. Ich erwache mit einem Ruck, als mein Kopf in Richtung Brust sinkt. Mein Klient hat es wieder nicht bemerkt und erzählt »munter« weiter über sich und seine Situation. Vor allem berichtet er über seine kreuzunglückliche Ehe.

Und dann wieder – ich schlafe ein, werde wach und beschließe, mit ihm an »meiner Müdigkeit und Schwere« zu arbeiten. Ich meine, ihm diesen Rollenwechsel zumuten zu können, schließlich befindet er sich in einer gestalttherapeutischen Ausbildung.

Als ich ihm sage, dass ich in seiner Anwesenheit diese bleierne Müdigkeit empfinde, erschrickt er. Zuerst schämt er sich ein wenig. Diese Scham kann ich ihm nehmen, indem ich darauf hinweise, dass ich meine Beobachtung frei jeder Bewertung berichtet habe, vielmehr diagnostisch interessant fände. »Wie ein neugieriger Forscher.« Es gelingt mir, ihn zum (Er-) Forschen meines Erlebens einzuladen.

Er sagt, dass er eine derartige schwere, lähmende Müdigkeit auch kenne. Manchmal würde er abends noch mit einer Flasche Bier in einem Sessel im Wohnzimmer sitzen und stundenlang in einen »schweren Zustand« fallen.

Ich frage ihn, wofür dieser Zustand eine »Lösung« darstellen könne. Er antwortet sofort: »Dann spüre ich nicht mehr viel von meinem unendlich großen Schmerz und Unglück.« (Damit nimmt er Bezug auf seine Ehe.)

Die Müdigkeit versucht ein Problem zu lösen: »Ich mache mich schwer und müde. Dadurch reduziere ich den Schmerz, den ich sonst spüren würde.«

Sicherlich ist diese »Methode« vorübergehend hilfreich, erkläre ich ihm. Für einen werdenden Gestalttherapeuten birgt sie jedoch die Gefahr der Zerstörung seines wichtigsten Handwerkzeugs in sich – nämlich seiner Wahrnehmungsfähigkeit,

d. h. seines Gewahrseins. Das sieht mein Klient auch ein. Darum hat er sich wieder in intensive Selbsterfahrung begeben. Seine eheliche Situation wurde durch die Selbsterfahrung immer schmerzhafter für ihn. Schließlich unternahm er etwas. Er trennte sich von seiner Frau. Er hielt es bei ihr einfach nicht mehr aus.

Inzwischen sind beide – er ebenso wie seine Ex-Frau – in glücklichen Beziehungen. Seine Frau hat ihren neuen Freund geheiratet. Er steht kurz davor, seine neue Freundin zu heiraten. Seine erste Ehe ist auf eine gute Weise zu Ende gegangen. Wohlwollen hat sich mit der Zeit zwischen den beiden eingestellt. Manchmal blicken sie sogar dankbar auf die gemeinsame Zeit zurück. Und sie sind sich gegenseitig dankbar, dass sie sich getrennt haben. Nur so konnten sie ihre neuen Partner kennenlernen.

Gestalttherapeutischer Schluss: Wenn ich meine Wahrnehmungsfähigkeit einschränke, richte ich mich in einer Situation ein. Ich spüre nicht mehr viel. Auch keinen Schmerz. Gerade das Fühlen des Schmerzes aber könnte eine Wendung herbeiführen, indem ich meine Situation zu verändern beginne. Und so passiert es in einer Gestalttherapie recht häufig, dass Klienten erst einmal wieder » an ihren Schmerz kommen«, indem sie ihm Raum in sich geben. So beginnt die Veränderung.

Meine Homöopathin nennt das die »Erstverschlimmerung«. Ein gutes Zeichen nach Gabe eines homöopathischen Mittels. Die Erstverschlimmerung zeigt, dass das Mittel angeschlagen hat. Dann können meine Selbstheilungskräfte wieder in Gang kommen. In der Gestalttherapie nennen wir das *organismische Selbstregulation*.

Der Engel der Geschichte
Die zwei Engel

Einen meiner ersten Gestalttherapie-Workshops leitete ich zusammen mit einer Kollegin in der Evangelischen Studentengemeinde Köln-Deutz (ESG). Damals hatten wir noch keine eigenen Gruppenräume. Wir mieteten Veranstaltungsräume irgendwo in der Stadt für unsere Arbeit an. Die ESG war in einem früheren »Tante-Emma-Laden« und den angrenzenden Zimmern untergebracht. Das ehemalige Schaufenster des Ladens (übrigens mit einem Teekanne-Bild mitten drauf) hatten wir bis in eine Höhe von rund 1,80 Meter mit Plakaten zugeklebt. So konnte kein Passant hereinblicken, und unsere Teilnehmer*innen waren geschützt.

Am Nachmittag des zweiten Tages arbeiteten wir mit einer Teilnehmerin. Sie erzählte von ihrer großen Trauer über den Tod ihres Vaters. Ganz besonders stark litt sie unter der Tatsache, dass sie ihm nicht für all das gedankt hatte, was sie von ihm an Gutem empfangen hatte. Ganz in Gestalt-Manier schlug ich ihr vor, einen Dialog mit ihrem verstorbenen Vater zu führen. In ihrer großen Trauer ließ sie sich bereitwillig darauf ein.

Einen Gestalt-Dialog muss man sich so vorstellen: Zwei Stühle stehen einander gegenüber. Die Teilnehmerin sitzt auf einem Stuhl. Sie stellt sich ihren Vater auf dem anderen Stuhl sitzend vor. Und dann beginnt sie, zu ihm zu sprechen. Genauso machte es unsere Teilnehmerin. Sie richtete ihre Worte an ihren Vater. Berichtete ihm von ihrer großen Dankbarkeit, die sie ihm nie gezeigt hatte, als er noch lebte. Eigentlich hätte sie nun den Platz tauschen, also den ihres Vaters einnehmen müssen. Doch das geschah nicht. Sie fiel in eine große schwere Trauer. Immer tiefer. Sie war jetzt für uns nicht mehr erreichbar.

Ich weiß nicht, wie lange dieser Zustand angedauert hat. Ich erinnere mich nur noch, dass ich immer wieder versuchte, zu ihr vorzudringen und sie in ihrer Trauer zu erreichen. Sie reagierte nicht darauf.

Ich nehme an, dass ich es an dieser Stelle als Gestalt-Neuling mit der Angst zu tun bekommen habe. Daran erinnere ich mich allerdings nicht mehr. Plötzlich klopfte es am Fenster. Über der Papierblende erschienen die Köpfe zweier türkischer Kinder. Sie waren auf das Fensterbrett geklettert und blickten in unseren Gruppenraum, sie lachten und winkten.

Unsere Teilnehmerin blickte auf, schaute die beiden Kinder mit den dunklen Augen und fast schwarzen, glänzenden Haaren an. Sie entspannte sich und wurde ganz ruhig. Sie lächelte. War ganz in Frieden. Die Trauer verlor die Schwere.

Gestalttherapeutischer Schluss: Bisweilen können auch Störungen heilsame Wirkungen haben.

Nie vorher und nie mehr danach sind wir in diesem Gruppenraum von Passanten bei unserer Arbeit »gestört« worden. Doch eine eigentliche Störung war der Besuch der beiden Engel nicht. Eher eine friedliche Botschaft aus einer anderen Welt.

Das kretische Totenglöckchen

Ich habe mehr als zehn Jahre lang Gestalt-Gruppen in einem kleinen Dorf an der Südküste Kretas geleitet. An eine der dort gemachten Gestalt-Arbeiten, die ebenfalls stark von einer äußeren »Störung« geprägt wurde, denke ich heute noch mit einem gewissen Schauer.

Regine erzählte von ihrer großen Scham über die Umstände des Todes des Vaters. Er war ungefähr 40 Jahre alt, als er geistig verwirrt wurde. Er tat »seltsame« Dinge. In dem kleinen Heimatdorf in der Rhön wurde viel über ihn gesprochen und vor allem gelacht. Aufgrund seiner Krankheit wurde er arbeitslos. Ein langer Leidensweg für die Familie begann, der auch mit dem tragischen Tod des Vaters nicht endete.

Während sie erzählte, wurde ihre Scham sichtbar größer. Sie berichtete von der Beerdigung des Vaters, zu der kaum einer der

Nachbarn bzw. der anderen Dorfbewohner gekommen war. Sie sprach davon, wie schamvoll sie mit einer oder zwei Hand voll anderen Menschen dem Sarg vom Wohnhaus zum Friedhof folgte. Sie hielt den Kopf gesenkt, damit sie nicht sehen musste, wie viele Menschen den Trauerzug hinter den Vorhängen beobachteten. Bedauern und Mitgefühl breitete sich während ihrer Erzählung im Raum aus. Viel Wärme für sie. Und dann begann das Totenglöckchen des kleinen kretischen Dorfes zu läuten.

Ich sagte Regine, dass dies das Totenglöckchen des Dorfes sei, das sie höre, und jetzt gleich ein Dorfbewohner beerdigt werden würde. Der Trauerzug würde den Sarg durchs Dorf zum etwas außerhalb gelegenen Friedhof geleiten und dem Toten die letzte Ehre geben.

Schweigend begab sich unsere Gruppe auf den Balkon des Gruppenraumes und sah einen großen Trauerzug würdevoll, gemessenen Schritts dem Sarg folgen. Schweigend verharrten wir auf dem Balkon und blickten zu dem Trauerzug hinüber. Einige weinten still. Bei Regine kehrte Ruhe ein. Sie war in Frieden. Die Scham verschwand.

Als wir nach einiger Zeit des Schauens wieder in den Gruppenraum zurückkehrten, schien dort eine große Leichtigkeit und eine gewisse Fröhlichkeit zu sein.

Der Engel der Geschichte

In den Erinnerungen »Die zwei Engel« und »Das kretische Totenglöckchen« kehrte nach dem Erlebnis Ruhe und Frieden bei den Klientinnen ein. Die Atmung veränderte sich – beide atmeten freier. Sie richteten ihren Körper und ihren Kopf auf, saßen aufrecht und blickten mit klarem Blick zu mir und den anderen Gruppenmitgliedern. Die gute Wirkung dieser Erfahrungen auf die Seele konnte ich an ihrem Körper sehen. Auch die anderen spürten diese Wirkung körperlich.

Es ist mir, als wären bei diesen beiden Arbeiten die Toten dabei gewesen: Die beiden Engel am Fenster waren so etwas wie eine

Nachricht des Vaters an seine Tochter. Beim Trauerzug auf Kreta erschien es uns, als würde Regines Vater hier und jetzt die letzte Ehre gegeben, die ihm bei seiner Beerdigung von den Bewohnern des kleinen Rhöndörfchens verweigert worden war. Endlich konnte Regine ihren Vater in Frieden ruhen lassen und wieder aufrechten Hauptes durch ihr Leben gehen. In der Tat wird mir hin und wieder berichtet, dass es ihr gut gehe.

Warum ist mir diese Anwesenheit der Verstorbenen wichtig? Ich fühle bei diesen Arbeiten eine große Ehrfurcht. Ich weiß, dass ich dann nicht nur der anwesenden Klientin diene, sondern der ganzen Schöpfung. Die Arbeit findet nicht nur hier im Raum statt, sondern strahlt hinaus, in die Welt, in den Kosmos – auch in die Vergangenheit. Sie bewirkt Frieden gleichsam auch rückwirkend.

Mir fällt an dieser Stelle Walter Benjamins »Engel der Geschichte« ein. Irgendwann in der Zukunft, wenn eine Gesellschaft – oder die ganze Welt – in Freiheit angelangt ist, dann brauchen wir einen solchen Engel, der all diejenigen rechtfertigt, die auf dem Weg in diese bessere Welt ihr Leben lassen mussten. Werden diese Toten nicht gerechtfertigt und gewürdigt, wird der Geschmack unseres Glücks schal sein.

Erzählte Gestalttherapie

Bei der Arbeit an diesem Buch ist Erhard immer deutlicher geworden, dass gestalttherapeutische Erfahrungen eigentlich am besten erzählt weitervermittelt werden können. So hat er seine Leidenschaft für *Erzählte Gestalttherapie* entdeckt. Inzwischen ist ein eigenes Buch draus entstanden: *Die Seele berühren* (Peter Hammer Verlag, 2002; jetzt: gikPRESS). Darin versammelt Erhard Geschichten, die er vielfach in seiner Arbeit als Gestalttherapeut erzählt hat - einzelnen Klientinnen und Klienten, in Workshops und (Ausbildungs-) Gruppen.

STICHWORTE
ZUR GESTALTTHERAPIE
Aus Erhards Zettelkasten

Sprache der Ehrfurcht

Während der Jahre, in denen ich als Gestalttherapie-Ausbilder arbeite, habe ich eine bemerkenswerte Beobachtung gemacht:

Als meine Trainees anfingen, mit Übungsklienten erste gestalttherapeutische Schritte zu machen, begannen sie, eine ehrfurchtsvolle, ja religiöse Sprache zu sprechen.

Manchmal wurde dies ausdrücklich von ihnen hervorgehoben. So sagte eine Teilnehmerin: »Obwohl ich mit all dem religiösen Zeugs nix am Hut habe, so fällt mir doch kein anderes Wort als ›Gnade‹ ein. Als Gnade erlebe ich es, gestalttherapeutisch mit anderen Menschen arbeiten zu dürfen.« Ich habe eigentlich selten jemanden das Wort *Gnade* so rein und bloß sagen gehört wie diese Teilnehmerin.

Ich bin mir ziemlich sicher, dass ich diese religiöse Sprache nicht selbst in die Ausbildungsgruppen getragen habe. Eher ist es so, dass ich mich, ermutigt durch das Vorbild meiner Teilnehmer*innen, heute mehr und mehr traue, diese religiöse Sprache wieder zu benutzen.

Zum Wort »Gnade« fällt mir – einem gefallenen katholischen Theologen – Bonhoeffers Gnadenlehre ein. Er sprach von »billiger« und von »teurer« Gnade. Und teuer ist Gnade deshalb, weil sie ein Geschenk ist, das immer wieder erworben sein will. Sie ist also – mit Worten meines Lehrers, des politischen Theologen Johann Bapist Metz – mehr »etwas Aufgegebenes« (im Sinne von Auftrag), als etwas »Gegebenes« (im Sinne von vorhanden). Und so ist z.B. auch die Haltung der Demut etwas, das wir immer wieder neu lernen müssen. Warum? Weil unsere selbstzerstörerische Eigenliebe, unser, wie die Psychoanalytiker sagen: *Narzissmus*, uns diese Haltung immer wieder verlernen lässt.

Dankbarkeit für das Wichtigste

Es hat sich in vielen Gestalttherapie-Gruppen (ebenso wie in der übrigen, psychoanalytisch »aufgeklärten« Gesellschaft) eingebürgert, vor allem schlecht über die eigenen Eltern zu reden. Man hebt das hervor, was man von ihnen nicht bekommen hat, das, was nicht gelungen ist, das, was sie falsch gemacht haben, etc.

Gestalttherapeutischer Schluss: Die Wirkung von dem Schimpfen auf die Eltern ist eine scheinbare Befreiung. Sie ist jedoch ohne lange Dauer. Denn die so gewonnene scheinbare Freiheit wirkt sich nicht positiv im eigenen Leben aus.

Ich habe besonders in den letzten Jahren die Erfahrung gemacht, dass Menschen, die das Gute würdigen, das sie von ihren Eltern erhalten haben, freier und leichter leben. Letztlich sind sie sogar erfolgreicher und glücklicher, so als würde der Dank an die Eltern die Kinder befreien.

Nicht selten will ein Klient nichts Positives finden, was er oder sie von ihren Eltern erhalten hat. Dabei sieht er oder sie über das wichtigste hinweg – das Leben. Fritz Perls hat auf das Gejammer seiner Klienten über deren schlechte Eltern ironisch gesagt: »Götter wären euch wahrscheinlich gerade recht gewesen.« Wenn ich mich eher als Opfer verstehe, verstelle ich mir den Weg in das selbstbestimmte Leben.

»Wir sind doch nur die Opfer«

Häufig werden Therapiegruppen grundsätzlich missverstanden. Die Teilnehmer*innen solidarisieren sich untereinander gegen die kalte, brutale Wirklichkeit »da draußen«. Dort, wo man schlecht behandelt wird. Natürlich ist immer irgendein Abwesender Schuld an der Situation des Anwesenden. Drei Beispiele:

1. »Wäre meine Frau nur anders (freundlicher, einfühlsamer, etc.), würde es mir richtig gut gehen, und ich wäre ein glücklicher Mensch.«
2. »Hätte ich nur einen menschlicheren Chef, dann würde ich ja gerne zur Arbeit gehen.«
3. »Wenn der Andere nur einen Schritt auf mich zumachen würde, könnte ich ihm verzeihen.«

Wenn der Gruppenleiter solches Gejammer unwidersprochen auf sich beruhen lässt, verkommt die Therapiegruppe zu einer Jammergruppe. Geredet wird über die Anderen und wie diese einen behandeln – nämlich schlecht.

Die Wirkungen dieser Jammergruppen sind fatal. Vor allem werden die Teilnehmer*innen dadurch selbst geschwächt. Letztlich wird durch das »kollektive Jammern« die Meinung vermittelt, dass »wir selbst ja doch nichts tun können«, sondern vielmehr ausgeliefert sind – dem Wohlwollen, meist jedoch der Missgunst der Menschen dort draußen.

Gestalttherapeutischer Schluss: Um Handlungsfähigkeit in dieser Situation wiederzugewinnen, muss der Gestalttherapeut intervenieren und die fatalen Folgen dieser Jammerei erlebbar machen.

Dazu schlage ich beispielsweise das folgende Experiment vor: »Stelle dir mal vor: Der, dessen Verhalten du bejammerst, verhält sich dir gegenüber nur darum so, weil er auf ein Verhalten reagiert, das du ihm gegenüber an den Tag legst.«

Durch dieses Experiment kommt es in der Therapiegruppe zu erstaunlichen Einsichten, bezogen auf die drei oben zitierten Beispiele etwa:

1. »Meine Frau hat es wirklich schwer mit mir. Wenn ich müde von meiner Arbeit nach Hause zurückkomme, bin ich wirklich sehr abweisend. Und egal was sie dann macht, es ist falsch.«

2. »Mein Gott, ich bin ja auch wirklich so ein Mitarbeiter geworden, vor dem sich die Chefs nur fürchten können: illoyal, unfreundlich...«

3. »Ich komme auf einmal mit einer ganz hartherzigen Seite in mir in Kontakt. Kalt. Abweisend. Schroff. Ich meinerseits würde nie den ersten Schritt machen auf mein Gegenüber zu.«

Auch wenn diese Äußerungen nur die »halbe« Wahrheit sein sollten, so ist es doch besser, sich auf diese Weise mit der Wirklichkeit auseinanderzusetzen. Sie beschäftigen sich dann nämlich mit Ihrem Einfluss auf die Situation, nicht mit Ihrer Einflusslosigkeit.

Wenn sich ein Teil einer Situation ändert, dann ändert sich in der Tat auch die ganze Situation. Das heißt: Wenn ich mich oder mein Verhalten ändere, dann hat das auch Auswirkungen auf mein Gegenüber – oft genau die Auswirkungen, die ich mir schon immer gewünscht habe.

Das Wohlwollen

Nach der zentralen Botschaft der Gestalttherapie gefragt, fällt mir zuerst das Wohlwollen ein.

Wohlwollen. Als Gestalttherapeut gehe ich davon aus, dass ein »Symptom« (ein Problem, eine »Macke«, eine Neurose etc.) berechtigt existiert.

Das heißt: Das Symptom stellt eine angemessene Reaktion auf eine bestimmte Situation dar oder hat sie einmal dargestellt. Die berechtigte Reaktion jedoch hat sich inzwischen verhärtet und zeigt sich auch dort, wo sie nicht oder nicht mehr angemessen ist. Dann wird sie zum Problem. Aber der Therapeut hilft dem Klienten nicht, wenn er ihn dazu anleitet, sich feindselig gegen sein Problem zu stellen. Vielmehr muss er es wohlwollend betrachten.

Auf diese Weise konfrontiere ich meinen Klienten mit seinen Problemen wohlwollend und leite ihn an, sich selbst gegenüber Wohlwollen zu zeigen.

Ein Beispiel

Anke, meine Frau, war zum ersten Mal mit bei meinen Eltern. Wir saßen mit ihnen und meinem Bruder Reinhard am Esstisch. Ich saß links von Anke neben Reinhard an der langen Seite des Tisches. Auf einmal entdeckte sie, dass Reinhard und ich »unsichtbar« wurden, indem wir nichts mehr sagten, eher nach unten blickten und nicht mehr im Raum zu sein schienen. Innerlich erlebte ich währenddessen ein Abrücken von der wirklichen Situation. Ich zog mich in mich zurück. Eine wohlige Schwere breitete sich über mich und in mir aus. Die Stimmen der anderen wurden immer leiser, berührten mich gar nicht mehr. Mein Blick ging ins Leere.

Als Anke dieses »Entrückt-Sein« beim Nachmittagsspaziergang ansprach, erinnerte ich mich daran, wo ich es gelernt hatte, mich so zurückzuziehen: nämlich an genau diesem Esstisch. Durch die Entrückung konnte ich mich zeitweilig den liebevoll gemeinten Grenzüberschreitungen meiner Mutter entziehen. Ich ging einfach in diese Trance. So mache ich das manchmal heute immer noch in Situationen, denen ich mich entziehen will. Es scheint mit den vielen Worten meines Gegenübers zusammenzuhängen, wenn ich wieder in diese Trance »falle«. Ich tue das nämlich auch in Vorlesungen, bei Vorträgen, also immer dann, wenn jemand lange und anhaltend etwas erklärt, wenn jemand auf mich einredet, wenn versucht wird, in mich einzudringen.

Ich schreibe, dass ich in Trance »fallen« würde, in Anführungsstrichen, weil ich es innerlich zwar als passives Fallen erlebe, so als würde das Geschehen irgendwie »über mich kommen«, als würde ich es erleiden, als wäre ich ihm ausgeliefert. Im Laufe einer Therapie – nicht an deren Anfang! – wird der Klient lernen, dass das »Fallen« durchaus nicht ohne sein Zutun geschieht. Dieser Lernprozess läuft vielleicht folgendermaßen ab:

1. Der Klient meint, er könne sein Leid nicht beeinflussen. Und er erzählt, ohne einen Zusammenhang herzustellen, von einem Symptom, beispielsweise dass er manchmal automatisch und ohne bewusstes Zutun in Trance »falle«.

2. Durch Experimente zeigt der Gestalttherapeut, dass der Klient das Leid, wenn schon nicht verkleinern, so doch wenigstens vergrößern, verstärkten, verschlimmern, verschärfen kann.

3. In den »Verschärfungs-Experimenten« wird zweierlei deutlich:

A. Es zeigt sich der Zusammenhang zwischen dem Leid und dem Symptom, denn immer dann, wenn der Klient sein Leid verschärft, wird sich auch das Symptom einstellen.

B. Der Klient erfährt, dass er sehr wohl Einfluss auf seine Lage nehmen kann: Er erzeugt das Symptom, um sein Leiden zu verringern oder in den Griff zu bekommen.

4. In diesem Stadium kann der Klient versuchen, andere Lösungswege als das gegenwärtige Symptom auszuprobieren, um sein Leid zu reduzieren. Dies tut er in der Therapie zunächst auch experimentell. Dabei soll er den Lösungsweg herausfinden, der hilfreicher ist als derjenige, der ihm das Symptom eingebracht hat, um dessentwillen er zum Therapeuten gekommen ist.

Auswertung des Beispiels

Wie kommt die wohlwollende Grundhaltung der Gestalttherapie ins Spiel? Ich könnte meine gerade beschriebene Reaktionsweise kritisieren und verurteilen. Ich könnte mit mir hadern, unzufrieden sein, mir Selbstvorwürfe machen und so weiter. Erfahrungsgemäß nutzt mir das gar nichts. Vielmehr fühle ich mich schlechter, werde uneins mit mir und innerlich zerrissen Als Gestalttherapeut gehe ich anders vor. Käme dieser Erhard zu mir in die Therapie, würde ich die Berechtigung der symptomatischen Reaktion des »Entrückens« hervorheben: Sie war damals nämlich eine Überlebensstrategie. Damals, als ihm noch nicht viele andere Reaktionsweisen zur Verfügung standen. Darum rege ich den Klienten an, zuerst Achtung und Dankbarkeit für diese Reaktion auszudrücken. Mein Klient Erhard wäre dann wohl erstaunt. Ich würdige ihn, wo er sich kritisiert.

Ich zeige auf, wie weise und hilfreich die ursprünglich beklagte Reaktion des Klienten damals war. Ihr einziger Fehler besteht darin, dass sie zu starr geworden ist und jetzt auch dort auftritt, wo sie nicht mehr klug und hilfreich ist.

Das Positive des Symptoms hervorzuheben, ist **keine Strategie** und darf keine Strategie sein. Es ist vielmehr eine **Haltung**. Die Haltung entspringt meinem Innersten. Die KlientInnen können oft genau erspüren, ob man es so meint, oder ob es eine strategische Vorgehensweise ist. Letztere wirkt nicht echt, wirkt auch nicht heilsam.

Hans-Peter Arnold, ein Kollege, der als Gestalt-Organisationsberater tätig ist, hat eine schöne Analogie entwickelt: Er sagte, dass der Kauf guter und warmer Winterschuhe für seinen 7-jährigen Sohn vor einem Jahr eine wirklich gute Problemlösung war. Heute jedoch nutzen diese Winterschuhe überhaupt nichts mehr. Sie erneut anzuziehen, hätte vielmehr negative Wirkungen: Sein Sohn würde sich vermutlich die Füße einfrieren, weil er die Zehen in den heute zu kurzen und zu engen Schuhen nicht bewegen kann.

Heilung durch Erleben, nicht durch Verstehen

Meist meinen Klienten, dass sie ein bestimmtes Problem »nur« verstehen müssen: Dann könnten sie es bewältigen und lösen. Wenn man »nur« wüsste, woher ein bestimmtes Symptom komme, wäre es lösbar.

Nach gestalttherapeutischer Auffassung stimmt diese Meinung nicht, weil meist nicht das Verstehen heilt. Das, was heilt, sind neue Erfahrungen. Was man »Erfahrungen« nennt, sind die Erlebnisse, die man integriert hat. Also heilt nicht einfach ein neues Erlebnis, sondern dass ich mir das Erlebnis ganz zu eigen mache. Diesen Vorgang nennen wir »Integration«. Für die Integration sind durchaus Worte nötig. Worte, durch die ich das Erlebnis im Gespräch annehme, in-mich-herein-nehme. Auf diese Weise wird es eine Erfahrung (integriertes Erleben). Eine solche Erfahrung kann mir dann in anderen Situationen nützen. Sie steht mir »zur Verfügung«.

Die Begegnung

Man muss sich Gestalttherapie so vorstellen, dass ein Gestalttherapeut sich wirklich auf mich, den Klienten, einlässt. Er ist bereit, mir zu »begegnen«, sich von mir »berühren« zu lassen, mit mir eine »Beziehung« einzugehen, aufzubauen.

In einer Gestalttherapie ist es besonders wichtig, dass sich der Klient mit dem Therapeuten wohlfühlt.

Wenn jemand also einen Therapeuten sucht, dann sollte er im Erstkontakt, im Erstgespräch, im Vorgespräch (oder wie immer es genannt wird) sich beim möglichen Therapeuten sicher fühlen. Ein Missverständnis ist die Vorstellung, dass man mehr lernen könnte, würde man eine Therapie bei jemandem machen, bei dem man sich nicht gut aufgehoben fühlt. Lore Perls hat uns eingeschärft, dass wir kein Recht hätten, einen Klienten in der Therapie absichtlich zu verletzen. Die Klienten seien in ihrem Leben meist schon oft genug verletzt worden.

In der Gestalttherapie geht es meist darum, dass sie sich zuerst einmal angenommen wissen und Unterstützung (»Support«) bekommen.

In diesem Sinne hat Lore gesagt, dass der Weg der Gestalttherapie vom Fremdsupport zum Selbstsupport geht. Aber das ist natürlich nur die halbe Wahrheit, die halbe Miete. Erving Polster betont, dass der Weg der Gestalttherapie manchmal geradezu umgekehrt vom Selbst- zum Fremdsupport geht. Manche Klienten müssen wieder lernen, Hilfe und Unterstützung von anderen anzunehmen, da sie sich abgekapselt und ganz in sich selbst zurückgezogen haben. (Ich sage: »wieder lernen«, denn jeder Mensch muss zumindest für die ersten Lebensjahre in der Lage gewesen sein, Fremdsupport zu integrieren.)

Existentielle Augenblicke

Ist Therapie nicht doch nur eine künstliche Situation, die nichts weiter mit dem Alltag, dem normalen Leben zu tun hat? Ja, tatsächlich ist das therapeutische Setting eine künstliche Situation. Sie ist genauso künstlich wie unsere gesamte Umwelt – sowohl in der positiven Hinsicht, dass wir vieles im Griff haben, was unsere Vorfahren noch erleiden mussten, als auch in der negativen Hinsicht, dass uns Ursprünglichkeit und Authentizität durch Technik, Planung und Rationalität verloren gehen.

Auch in der Therapie hat die Künstlichkeit der Situation positive und negative Aspekte: Ein negativer Aspekt ist zweifellos, dass achtungsvolle Zuwendung, hilfreiche Unterstützung und wohlwollende Kritik im menschlichen Miteinander natürlicher Bestandteil der Beziehungen sein sollten, in der Therapie aber (weil oder jedenfalls wenn es so natürlich nicht klappt) erkauft werden müssen.

Gleichwohl gibt es auch positive Aspekte. Dazu gehört, dass in einer Welt, in der sehr wenig Toleranz Fehlern oder Schwächen gegenüber gezeigt wird, die Therapie einen Fluchtraum bietet, in welchem auch experimentiert, erprobt, ausprobiert werden kann. Wer sich ändern möchte, kann es in der Therapie erst einmal versuchsweise tun, um zu sehen, ob das neue Verhalten zu ihm passt und wie es bei Mitmenschen ankommt.

Nicht alles in der Therapie ist künstlich. Künstlichkeit ist eher eine Nebensache. Die Hauptsache ist echt: Wer in der Therapie lernt, seinen Gefühlen und Gedanken Flügel zu verleihen, der äußert echte Gefühle wie z.B. Wut, Trauer, Schmerz, Wohlwollen, Mitgefühl, Freude usw., sowie echte Gedanken wie z. B. Einsichten in die Struktur seines Lebens, eine Struktur, die er ändern kann.

Dieses Echte, Authentische, Natürliche, Ursprüngliche, Ungefilterte, das in der Therapie zwischen Therapeuten und Klienten entstehen kann, nennt der kalifornische Gestalttherapeut Len Bergantino die »existentiellen Augenblicke«. Uns scheint dieser Begriff verwandt mit Martin Bubers Begriff des *Zwischens*. Es geht hier um die heilsame seelische Berührung zwischen Menschen, die eben auch in der Therapie stattfindet.

Einige wenige solcher »existentiellen Augenblicke«, die Erhard in seiner Therapie erlebte, haben wir im vorausgehenden Kapitel einzufangen versucht: Die Angst vor der aggressiven Sexualität des Ehemannes verschwindet, nachdem der Kontakt zur eigenen Aggressivität hergestellt ist. Eine Ehe, die unglücklicherweise nicht mehr hatte geschlossen werden können, wird nachträglich geheilt, damit dieser Lebensabschnitt gut in der Vergangenheit ruhen kann. Die Trauernden erfahren Trost und die Möglichkeit, eine unabgeschlossene Situation abschließen zu können.

Existentieller Augenblick. Die Künstlichkeit der therapeutischen Situation wird überwunden, wenn im »Zwischen« des Therapeuten und des Klienten authentische Gefühle zum Tragen kommen, die existentielle Bedeutung gewinnen.

Zu einem existentiellen Augenblick kann es in der Therapie jedoch nur kommen, wenn der Therapeut es sich erlaubt, ganz als Mensch anwesend zu sein. Solange er sich nur bemüht, eine (professionelle) Rolle zu spielen und strikt seinen Methoden zu folgen, kann er zwar durchaus gewisse Erfolge erzielen, nicht aber eine »heilende Berührung« zulassen. Ein solcher Therapeut wird sich dagegen wehren, wenn ein existentieller Augenblick »droht«.

Darum legt die Gestalttherapie so großen Wert darauf, dass der Therapeut dem Klienten offen sagt, wie er ihn erlebt. Wie sollte sich auch der Klient sich selbst, den Mitmenschen und der Welt gegenüber öffnen können, wenn er als Vorbild einen Therapeuten hat, der mit ihm nur taktisch, strategisch oder methodisch spricht?

Kontakt

Der Begriff »Kontakt« in der Gestalttherapie wird häufig im Sinne einer Buberschen »Ich-Es-Beziehung« verstanden und gebraucht. Ich selbst mache das übrigens meist auch nicht anders.

Etwa so: »Wenn ich mehr wahrnehme, dann werde ich auch handlungsfähiger, z. B. im Sinne einer besseren Bedürfnisbefriedigung.« Hier steht also – herkömmlich – eine Zweckorientierung des Kontaktes im Vordergrund. Von Vertretern einer dialogischen Gestalttherapie – denen ich mich zugehörig fühle – wird darüber hinaus betont, dass »Heilung in der Begegnung« stattfände.

Dazu passt Hilarion Petzolds Aufteilung des gestalttherapeutischen Kontakt-Begriffs in vier Schritte: 1. Begegnung, 2. Berührung, 3. Beziehung, 4. Bindung.

Bei *Kontakt* sollte es eigentlich um eine »Ich-Du-Beziehung« gehen. Die Ich-Du-Beziehung gibt es ja nach Buber nicht nur zur belebten, sondern auch zur unbelebten Umwelt und schließlich zu Gott.

Darum meine ich, dass eine »Ich-Es-Beziehung« bereits eine Art von Kontaktstörung darstellt. Man ist dann nicht in Kontakt mit der belebten oder unbelebten Umwelt, nicht mit Gott, sondern bloß mit einem bestimmten Zweck, den man mittels dieser Art von »Kontakt« bezwecken möchte.

Auf die Ich-Es-Weise kommt es gar nicht zur Begegnung mit der belebten oder unbelebten Umwelt, und dann auch keine (seelische) Berührung, keine Beziehung, keine Bindung geben. Und natürlich auch keine Begegnung mit Gott.

Gestalttherapeutischer Schluss: Der Begriff »Kontakt« scheint uns eine dialogische Grundhaltung vorauszusetzen. Den Dialog gilt es mit der belebten und unbelebten Umwelt und mit Gott aufzunehmen. Darum brauchten wir, um eine dialogische Haltung leben zu können, dialogische Beziehungen untereinander – natürlich auch eine Gesellschaft, die den Dialog lebt, also eine herrschaftsfreie, eine anarchistische ...

Anmerkung

Wenn ich mit Paaren arbeite, dann habe ich übrigens intuitiv immer wieder versucht, die beiden in Kontakt miteinander zu bringen: Sie sollen lernen, sich wieder unverstellt zu begegnen und sich vom anderen berühren zu lassen. Sollen wieder Beziehung aufnehmen, damit die Bindung zwischen ihnen wachsen und sich vertiefen und festigen kann.

Das Recht des Klienten, in seinem Leben zu scheitern
»Um die Seele des Klienten kämpfen«

Ich habe viele deutsche Gestalttherapeuten als eher ernst und humorlos kennengelernt. In den Gruppen wurde häufig geschwiegen. Das drückte auf die Stimmung. Sie war genauso dunkel wie die Gruppenräume in den billigen (und im Winter schlecht geheizten) selbstverwalteten Tagungshäusern. Leidenschaft, Begeisterung und Lust an ihrer Arbeit schienen den (deutschen) Gestalt-Lehrern sehr fremd zu sein. Eine liebevolle, aber bestimmte Konfrontation der Klienten und Trainees ebenfalls. Dergestalt endeten manche wichtigen Arbeiten, bevor wir wirklich zur Sache kamen. Einer unserer Lehrer pflegte dann, wenn jemand nicht an sich weiterarbeiten wollte, hervorzuheben, dass dies nun seine eigenverantwortliche Entscheidung sei. Das Ziel der Gestalttherapie sei immerhin das »mündige Subjekt«.

Dann kam ein neuer amerikanischer Lehrtrainer in unsere Ausbildungsgruppe. Und die Post ging in unserer Gruppe ab. Es wurde viel gelacht und viel geweint. Er arbeitete mit großem persönlichen Einsatz. Das hat bei mir so manche Tür geöffnet. Als er mit mir vor der Gruppe arbeitete und ich einmal nicht weitergehen wollte, ließ er das Ganze nicht einfach auf sich beruhen. Er sagte, dass er bereit sei, meine Entscheidung zu akzeptieren. Doch dass er mich vorher bitten würde, seine Beobachtungen und Gedanken zur Kenntnis zu nehmen.

Dann beschrieb er in wenigen Sätzen, wie er mich erlebe. An welcher Stelle ich – nach seiner Ansicht – gerade stehen würde. Er hob hervor, dass es ausschließlich seine Ansicht sei, seine Idee, seine Vermutung. Er zeigte mir auf, welche Schritte ich als nächste gehen könne. Danach fragte er mich, ob ich bei meiner Entscheidung, die Arbeit zu beenden, bleiben wolle.

Ich wollte nicht dabei bleiben. Ich hatte sein Engagement erlebt. Spürte, dass ihm an mir und meiner Entwicklung lag. Teilte Aspekte dessen, was er mir gerade geschildert hatte. Ich arbeitete mit seiner Hilfe weiter. Ich hatte den Eindruck, er würde um die Seele des Klienten kämpfen. Und das zeigte mir den Ernst und die Chance der Situation.

Das Recht des Klienten, in seinem Leben zu scheitern
Das geschilderte Engagement des Therapeuten, um die Seele seines Klienten zu kämpfen, ist aber nur die eine Seite der Münze. Die andere Seite ist das Recht des Klienten, in seinem Leben zu scheitern: meine Pflicht, mich nicht in sein Schicksal einzumischen.

Meine Aufgabe als Gestalttherapeut ist es, den Klienten bei seinen persönlichen Selbstendeckungs- und Wachstumsprozessen zu unterstützen. Das bedeutet, dass mein Klient seinen Weg selbst gehen muss, und ich ihn nicht für ihn gehen kann und darf.

Es ist manchmal sehr verführerisch für mich als Therapeut, eine wichtige Bedeutung im Leben meines Klienten einzunehmen, beispielsweise der »Grund« dafür zu sein, dass er sich entscheidet, am Leben zu bleiben. Doch geht damit eine solch ungeheuer große Verantwortung einher, die ich überhaupt nicht übernehmen kann und darf. Meine Zeit mit meinem Klienten ist auf unsere – meist einmal wöchentlich stattfindende – Therapiesitzung beschränkt. Nur in wirklich schwerwiegenden Notfällen telefoniere ich zwischen diesen Sitzungen mit meinen Klienten. Meine Aufgabe als Gestalttherapeut ist es nicht, ein unentbehrlicher Bestandteil im alltäglichen Leben meines Klienten zu werden. Meine Aufgabe ist es sogar eher, mich sobald wie möglich wieder entbehrlich zu machen.

Manchmal kann ich als Gestalttherapeut gar nichts anderes machen, als mich vor dem Schicksal meines Klienten zu verneigen, es aber ansonsten unangerührt und unangetastet zu lassen. Denn mir steht es einfach nicht zu, mich direkt ins Leben der Klienten einzumischen.

Gestalttherapeutischer Schluss: Sich direkt ins Leben der Klienten einmischen dürfen eigentlich nur Familienangehörige oder sehr gute Freunde, Personen, die dann auch verlässlich da sind und kontinuierlich da bleiben. Ich als Therapeut könne gar nicht einhalten, was ich mit einer solchen Einmischung versprechen würde, nämlich meine Anwesenheit in Freude und Leid. Das ist mir nicht möglich.

Schließlich auch noch diese Erinnerung
Der obige Lehrtrainer hatte einer Auszubildenden in unserer Gruppe erlaubt, ihre Aggression ihm gegenüber auf folgende Weise auszudrücken: Er hielt ihr den Arm hin, damit sie daran ihre ganze Kraft auslassen könne. Dabei brach sie ihm tatsächlich den Arm. Das finde ich im Nachhinein nicht in Ordnung. Hier hatte unser Lehrer nicht gut für sich gesorgt. Da lag auch seine Schwäche. Er hat viel zugesagt und zugelassen. Dabei ist er bisweilen über seine Grenzen hinaus gegangen, so wie wir seine Grenze überschritten haben. Das dicke Ende kam dann manchmal auch: Wenn es zu schlimm für ihn wurde, hat er sich »aus heiterem Himmel« entzogen. Es gibt heute noch Schülerinnen und Schüler, die sich von ihm im Stich gelassen fühlen.

Von der Figur zum Grund
Der Focus in der Arbeit der Gestalttherapeuten hat sich verschoben. Während der ersten Phase der Gestalttherapie – die bis in die 1980er Jahre währte – ging es vor allem um die therapeutische Arbeit an der Figur. Menschen mussten vor allem lernen, ihren eigenen Wahrnehmungen mehr Bedeutung zuzumessen und ihnen zu trauen. Vor allem die Gestaltbildungsprozesse wurden dabei unterstützt. Hierher gehören auch Interventionen wie z.B. »mach das (etwa: eine Anspannung der Schultern) mal etwas stärker«. So sollte die Figur besser wahr-

nehmbar werden, indem sie deutlicher aus dem Hintergrund hervortritt.

Der Gestalttherapeut Hunter Beaumont hat uns gezeigt, dass der Begriff der »Heldenreise« hierher gehört. Joseph Campbell, der bekannte amerikanische Mythenforscher (dem bei der Erforschung seelischer Bilder eine ähnliche Bedeutung wie C. G. Jung zukommt), hat zahlreiche Märchen und Mythen aus der ganzen Welt untersucht. Dabei arbeitete er zwei vorwiegende Strukturen heraus – »Heldenreise« und »Spiraltanz«. Die Heldenreise ist der Weg nach außen. Es geht um das Spüren eines Bedürfnisses mit all den Gefahren und Prüfungen, um den Mangel zu beheben. Die Heldenreise wird übrigens dem männlichen Prinzip zugeordnet, d. h. dem männlichen Archetypus, den alle Menschen – Männer und Frauen – in sich tragen.

Gesellschaftlicher Kontext dieser Phase der Gestalttherapie war, dass die Menschen sich stumpf gemacht und ihre Wahrnehmung reduziert hatten. Wieder »etwas zu merken«, wieder sich und seine Bedürfnisse wahrzunehmen, dem kam in dieser Phase eine große, auch gesellschaftliche Bedeutung zu. Es ging ums Machen, um die Weltgestaltung. »Machbarkeit« war das heilende Zauberwort.

Heute arbeiten wir in der Gestalttherapie mehr mit der Figur-Grund-Spannung. Die Figur erhält ja ihre Bedeutung vor einem bestimmten Hintergrund. Es gibt ein Feld voll mit vielen möglichen Hintergründen, unter denen ich auswählen und auf die ich Einfluss nehmen kann.

Bei der Arbeit an der Figur-Grund-Spannung geht es um das andere Grundprinzip, das von Campbell »Spiraltanz« genannt wurde und das dem weiblichen Archetypus zugeordnet ist. Es handelt sich hier eher um eine innere seelische Bewegung, die sich spiralförmig dem eigenen Wesen annähert, dem eigenen Zentrum, der Seele. Das ist gleichsam eine Heldenreise nach innen.

Gesellschaftlicher Kontext: Die Arbeit an der Figur-Grund-Spannung hat das Ziel, innere Freiräume zu eröffnen. Wertigkeit und Werte spielen (wieder) eine Rolle, denn Hintergrund hat etwas mit Bedeutung zu tun.

Auf der anderen Seite hat die Wendung nach Innen natürlich auch einen traurigen Aspekt, sowie Martin Luthers »Freiheit des Christenmenschen«: Nachdem es den Reformatoren nicht gelungen war, die wahren Lebensbedingungen der Menschen zu verbessern, zog sich Luther darauf zurück, im »Inneren« seien die Christen ja ohnehin frei – darum sei es nicht schlimm, wenn sie einer äußerlichen Abhängigkeit unterlägen.

Die Gestalttherapeuten verbanden lange Zeit mit ihrer Arbeit die gesellschaftliche Utopie, dass es nicht nur gelingen müsste, einzelnen Klienten zu helfen, sondern überdies die Menschen zu einem besseren Zusammenleben zu bewegen – einem Zusammenleben mit weniger Angst, mit weniger gegenseitiger Hemmung, mit mehr Raum für Lebensfreude und Kreativität. Diese gesellschaftliche Utopie ist verblasst, weil ihre Realisierung auf sich warten lässt. Was aber tun wir in dieser intermediären Zeit des enttäuschten Wartens?

Anarchie gibt's nicht auf Krankenschein

Gestalttherapie bekommen Sie nicht als Kassenleistung. Das ist unseres Erachtens auch nicht verwunderlich.

Der Grund für die Ablehnung des Gestaltansatzes durch die Krankenkassen ist sicherlich nicht Unwirksamkeit. Gestalttherapie ist nämlich ein höchst wirkungsvoller psychotherapeutischer Ansatz. Bereits kurz nach der Entwicklung der Gestalttherapie fand sie Anwendung in Bereichen, in denen man viel davon versteht, ob ein Ansatz effektiv ist oder nicht, nämlich in der Organisationsentwicklung und im Coaching von Führungskräften der Wirtschaft. Bis heute ist das so. Bei einem bekannten multinationalen Konzern beispielsweise ist immer ein Gestalttherapeut dabei, wenn sich die Führungskräfte international treffen. Seine Aufgabe besteht darin, die Teilnehmer*-innen aus all den unterschiedlichen Ländern und Kulturen zur wirksamen Zusammenarbeit zu animieren – und sie zu ermutigen, echte Konflikte auszutragen.

Dass Kassen in Deutschland die Gestalttherapie nicht bezahlen, ist nur auf einem anderen Hintergrund verständlich, nämlich wenn man sich die politische Dimension dieses Ansatzes in Erinnerung ruft. Die Gestalttherapie will Menschen dabei unterstützen, ihr Subjektsein zu entfalten und ganz in Besitz zu nehmen. Dieses Anliegen hat ganz eindeutig politische Implikationen. Anarchistische Bewusstseinsbildung auf Krankenschein – das ist doch wirklich nicht zu erwarten.

Dazu kommt, dass Gestalttherapie sich nicht der kategorisierenden und brandmarkenden herkömmlichen Diagnostik und Krankheitslehre unterwirft. Sie spricht, wie Sie in den vorangegangenen Abschnitten lesen konnten, gar nicht von Krankheit im seelischen Sinne. Störungen, hinderliche Symptome versteht sie eher als frühere Problemlösungsversuche, die heute bloß neue und z. T. größere Probleme mit sich bringen.

Vielmehr sind immer mehr Menschen bereit, für ihre Gestalttherapie auch die finanzielle Verantwortung zu übernehmen. Das hat schon für sich genommen eine positive Wirkung.

Als ein Bekannter mir vor einigen Wochen davon berichtete, dass seine Krankenkasse mehr als 300 Stunden Psychoanalyse für ihn im letzten Jahr (allein in einem Jahr!) bezahlt hatte, war ich durchaus empört. 300 Stunden! Die wenigsten Gestalttherapie-Klient*innen brauchen mehr als 100 Stunden. Für manchen reichen 50 Stunden Gestalttherapie aus, um neue Schritte gehen zu können.

Man müsste mal die Zeit- und Geldverschwendung ausrechnen, die eine von der Krankenkasse finanzierte Psychoanalyse bedeutet und das dann dem gegenüberstellen, was man als Klient spart, wenn man für seine Gestalttherapie selbst aufkommt …

Dass Selbstzahlung oft schon der erste Schritt zur Heilung bedeutet, möge diese kurze Erinnerung verdeutlichen:
Ein iranischer Student kam zu mir in die Praxis. Er sei zutiefst depressiv. Seine Freundin habe ihn aufgefordert, eine Therapie zu machen, sonst würde sie sich von ihm trennen. Also saß er in sich gesunken in meiner Praxis, sprach mit extrem leiser Stimme. Er berichtete, dass er überhaupt nicht mehr in die Fachhochschule zum Technik-Studium ginge. Eigentlich würde er nur noch zuhause sitzen und rumhängen. An zwei Tagen in der Woche arbeite er für seinen Lebensunterhalt als Taxifahrer, das reiche.
Ich sagte ihm, dass er eine Gestalttherapie bei mir selbst bezahlen müsse. Ich wolle mit ihm bis auf weiteres zwei Stunden wöchentlich arbeiten. Als ich ihm meinen Stundensatz sagte, wich er erschrocken zurück: »Dann muss ich ja zwei weitere Tage Taxi fahren.« Ich fragte ihn, ob sein Arbeitgeber das ermöglichen könne. »Der schon«, antwortete er. Nach dieser kostenlosen ersten Probesitzung verließ er meine Praxis. Ich rechnete nicht ernsthaft damit, ihn noch einmal wiederzusehen.
Aber nach etwa sechs Wochen rief er mich an und sagte, dass er nun zur Gestalttherapie bereit sei. In der Tat arbeite er dann zwei Tage wöchentlich mehr, um so seine Sitzungen bezahlen zu können. Später einmal hat er mir für mein Beharren auf den zweimal wöchentlich stattfindenden Therapiesitzungen gedankt. So sei er aus seiner Starre wieder in Bewegung gekommen.
Fazit: Selbstzahlung heißt, Verantwortung selbst zu übernehmen – und das ist bereits der erste Schritt zur Heilung.

Selbst Angst ist politisch...

Noch ein Gedankensplitter zur politischen Dimension unserer Arbeit: Eine Teilnehmerin einer meiner Jahresgruppen wollte daran arbeiten, dass sie auf ihrem Nachhauseweg Angst empfinde. Ich fragte genauer nach. Sie erläuterte: Sie habe Angst, wenn sie am Sonntagmorgen (um ungefähr drei Uhr nachts also!) mit dem Fahrrad von ihrer Lieblingsdiskothek nach Hause fuhr. Sie fuhr allein, mitten durch den Stadtpark. Nun wollte sie von dieser Angst befreit werden.

Ich sagte ihr, dass ich dies nicht tun dürfe. Denn sie müsse dann ja unsensibler werden. Das aber hätte fatale Folgen. Ich sagte ihr, dass diese Angst eine »gesunde« Reaktion darstelle – auf eine »krankmachende« Situation, nämlich darauf, dass es in unserer Gesellschaft solche realen Bedrohungen gebe. Ihre Angst würde sie schützen, genauso wie Ekel uns schütze, damit wir keine verdorbene Speise zu uns nähmen.

DIE GESTALTTHERAPEUTISCHE
THEORIE KURZ SKIZZIERT

Wie psychische Probleme entstehen

Therapie heißt Heilung. Welche Krankheit will die Gestalttherapie heilen? Es gibt in der Gestalttherapie keinen äußeren Maßstab für psychische Gesundheit. Das einzige Kriterium ist das Gefühl eines Menschen, nicht gut genug zurechtzukommen, verbunden mit der Entscheidung, etwas dagegen zu unternehmen.

Die Entstehung dieses Gefühls, nicht gut genug zurechtzukommen, führt die Gestalttherapie auf eine Unterdrückung der Aggression zurück. Damit ist die Unterdrückung der Möglichkeit des Menschen gemeint, seine Umwelt so mitzuprägen, dass er Teil dieser Gestalt werden oder bleiben kann. Durch die Unterdrückung der Aggression wird der Kontakt zwischen dem einzelnen Organismus zu seiner Umwelt unterbrochen. Aber nur durch diesen Kontakt und den an der Kontaktgrenze stattfindenden Austausch ist der Organismus lebensfähig.

Die beiden zentralen Begriffe »Aggression« und »Kontakt« wollen wir jetzt in gestalttherapeutischer Sicht darstellen.

Aggression

In der Gestalttherapie ist die Aggression ein positiver Begriff für die Fähigkeit, die Umwelt an sich selbst anzupassen; erst die Unterdrückung der Aggression führt zu individueller Destruktivität und kollektivem Krieg – also zu ungerichteter, ziellos gewordener negativer Aggression.

Der positive Sinn von Aggression, der ihre Unterdrückung eher problematisch werden lässt, besteht für die Gestalttherapie in drei Punkten:

1. Aggression **beseitigt** ein abgelehntes Objekt aus dem Organismus/Umwelt-Feld. Sie ist eine Abwehrreaktion auf Schmerz, auf das Eindringen von Fremdkörpern oder auf Gefahr.

2. Aggression **zerstört** eine überkommene Konstellation: Sie hat sich in der aktuellen Situation als hinderlich oder ärgerlich erwiesen. So wird abgerissener Kontakt oder unterbrochene Kommunikation zwischen Konfliktparteien wieder hergestellt.

3. Aggression **löst einen Konflikt**, indem etwas Neues an die Stelle des Bestehenden gesetzt wird, das dem fehlbaren Urteil der Handelnden nach besser ist als das Bestehende.

Mit der Unterdrückung aggressiver Impulse durch die Gesellschaft werden die sozialen Konflikte stets im Interesse der bestehenden Verhältnisse und zu Ungunsten des einzelnen gelöst. Im Namen der »Ordnung« wird jeder offene Ausdruck von Zerstörungslust, Vernichtungswillen, Zorn oder Kampfbereitschaft unterbunden. Bereits das kleinste Gefühl des Ärgers sieht man als Bedrohung dieser gesellschaftlichen Ordnung. Es gilt als »vernünftiges« Verhalten, wenn man toleriert, dass man von Institutionen und deren »rationalen« Regeln herumgestoßen und belästigt wird. Bei denen, die an der Oberfläche freundlich und kooperativ bleiben, ergeben sich jedoch zahlreiche, wenn auch eher geringfügige Anlässe zu großer Wut durch Demütigungen, verletzte Gefühle, kleine Gemeinheiten usw. Diese geringfügigen Anlässe nähren die Wut ständig, die aber nicht ausbrechen darf.

Die Folge: Der einzelne kann seine Bedürfnisse nicht mehr »einbringen«. Darum versucht er dann mehr und mehr, sie gar nicht erst zu spüren. Dies nennen wir in der Gestalttherapie »Selbstkolonisation« (oder »Selbstvergewaltigung«). Es gibt eine Vielzahl von selbstkolonisierenden Möglichkeiten, sich gegen sich selbst unempfindsam zu machen. Es ist ein wesentliches Stück der gestalttherapeutischen Arbeit, den Klienten spüren zu lassen, wie er sich taub macht gegenüber seinem eigenen Körper. Wohlgemerkt: Der Therapeut sagt zu dem Klienten nicht erklärend zum Beispiel:»Du hältst den Atem an, bis du nichts mehr merkst.« Denn der Klient mobilisiert gegen rationale Erklärungsversuche alle verfügbaren Abwehrkräfte. Vielmehr muss der Klient seine Methode des Sich-Taubmachens selbst entdecken und erleben. Der Therapeut könnte etwa, wenn der Klient über aufkommenden Ärger berichtet, als Experiment vorschlagen:»Halte doch mal deinen Atem an und beobachte, was mit deinem Ärgergefühl geschieht.« Die Ordnung, die ja eigentlich das Ergebnis von organisierender freier Tätigkeit des Selbst ist, wird durch Unterdrückung der Aggressivität immer mehr zur toten Form, an deren Gestalt die lebenden Menschen immer weniger Anteil haben. Die Aggressivität der Menschen äußert sich nicht mehr in aktuellen und begrenzten Konflikten, sondern beginnt, sich negativ gegen das Ganze zu richten. Der Konflikt wird äußerlich und unbegrenzt: Schließlich akzeptieren die Menschen sogar den Gedanken an Krieg. Der Krieg ist nach gestalttherapeutischer Auffassung gar keine Aggression mehr, sondern »Massenselbstmord ohne Schuldgefühl« (Goodman). Die Erklärung dafür, dass die Menschen den Krieg hinnehmen, lautet: Die aggressiven Funktionen guten Kontakts werden »fixiert« und in Sado-Masochismus verwandelt durch soziale Strukturen, die eine falsche »Harmonie« erzwingen – diese Strukturen der Zwangsharmonisierung verwandeln positive schöpferische in negative destruktive Aggressivität.

Die Grundstruktur des aggressiven Kontaktes sieht folgendermaßen aus:

1. **Initiative** setzt den Inhalt: etwas muss sich nach Ansicht des Menschen ändern, um ein (gutes) Weiterleben zu ermöglichen.

2. Die Aggression äußert sich in zwei »reinen« Formen, um den Inhalt, der aus der Initiative folgt, durchzusetzen:

A. **Vernichten:** Beseitigen eines Objekts aus dem Organismus/Umwelt-Feld; Emotion: kalt und distanziert.

B. **Zerstören:** Umgestalten eines Objekts im Organismus/-Umwelt-Feld; Emotion: warm und lustvoll.

3. **Wut** ist eine Emotion, in der Vernichtungswille und Zerstörungslust zusammenkommen.

4. Initiative, Vernichten, Zerstören und Wut sind nötig, damit ein Organismus in einem schwierigen Umfeld existieren und auch gut leben kann.

5. **Angst** tritt auf, wenn die Kräfte, die sich der Initiative entgegenstellen, übermächtig werden. Damit schützt sich der Organismus vor aggressivem Kontakt in Situationen, in denen er Gefahr läuft, selbst vernichtet zu werden, wenn er seine Aggressivität äußert. Insofern hat auch die Angst eine natürliche und notwendige Funktion.

Eine ihrer inneren Konflikte und Leidenschaften enthobene, befriedete Weltgesellschaft, die das Ziel eigentlich aller politischen Bemühungen ist, produziert jedoch zugleich eine universelle Angst: Die Menschen werden ständig daran gehindert, sich »einzubringen«, und sie entwickeln eine chronische Angst davor, ihre Bedürfnisse mit der notwendigen Aggressivität zu äußern. Diese chronische Angst richtet unvorstellbar zerstörerische Energien gegen das, was anders ist als man selbst. Goodmans Schreckensvision von einer »Welt ohne Asyl«, die er in den 1950er Jahren hatte, beginnt sich heute machtvoll zu realisieren.

In der Gesellschaft ist nach gestalttherapeutischer Interpretation nicht etwa eine Zunahme, vielmehr eine Abnahme von Aggression zu verzeichnen. Jedenfalls von Aggression, die zielgerichtet Konflikte zwischen Individuen oder Gruppen um die Gestaltung der Umwelt und die Befriedigung ihrer Bedürfnisse meint. Die organisierte, befriedete und zentralisierte Gesellschaft entfremdet die Menschen ihrer sozialen Konflikte, unterbindet Aggression und schneidet sie so von der Fähigkeit

zur Kontrolle über das eigene Leben ab. Anstelle von ziel-
gerichteter Aggression gibt es dann blinde Destruktivität, die
von den Menschen wiederum als angstmachende »Zunahme
der Gewalt« erlebt wird.

Mit dem Verlust von Konflikten und konflikt-klärenden Ver-
haltensweisen verschwindet der Gedanke an alternative Möglichkeiten und der Wille zur Veränderung, denn beides schließt
Aggressivität ein: Zerstörung eines Zustandes, um Platz zu machen für einen anderen Zustand. Auf jene Art der Befriedung
folgt unausweichlich, dass die Bedürfnisbefriedigung abnimmt.
Der soziale Zustand entfernt sich immer weiter von den Wünschen, Vorstellungen, kreativen Ideen der Menschen – und die
Menschen haben keine Mittel mehr, um korrigierend einzu-
greifen. Die Unzufriedenheit kann sich nicht mehr vernünftig
politisch artikulieren, sondern staut sich auf bis zur Bereitschaft, das bedrückende Ganze einschließlich der eigenen Person zu zerstören. Oder, psychoanalytisch gesagt: Das Ich interpretiert die unterdrückten, aber unabweisbaren Forderungen
des Es als Forderung nach Selbstzerstörung.

Kontakt
Kontakt ist in der Gestalttherapie die Bezeichnung für einen
Prozess des Austausches, z. B. zwischen dem Organismus und
seiner Umwelt. »Kontaktfähigkeit« bezeichnet die Fähigkeit,
den »Kontakt« herzustellen, und »Kontaktgrenze« die entsprechende Fähigkeit, sich gegenüber der Umwelt als selbst-
ständiger Organismus zu behaupten und die eigenen Bedürfnisse zur Geltung zu bringen. Nahrungsaufnahme ist das Modell allen Kontakts: Etwas, das mit dem Organismus nicht
identisch ist, wird
1. als zuträglich wahrgenommen und erkannt,
2. in seiner Gestalt (aggressiv) zerstört,
3. angepasst, assimiliert (verdaut),
4. integriert, in Kreativität und Wachstum umgesetzt.

Kontakt ist zunächst die Wahrnehmung von etwas, das assimiliert (angepasst) werden kann. Dann ist Kontakt die aggressive Bewegung zu diesem anpassbaren Wahrgenommenen hin oder die aggressive Abwehr dessen, was sich als unassimilierbar herausstellt.

Jeder Organismus lebt ein einem Feld, dadurch dass er Neues einbezieht, verdaut und assimiliert. Dieser Lebensprozess verlangt die aggressive Zerlegung der bestehenden »Gestalten« in seine assimilierbaren Elemente, sei es ein Nahrungsmittel, ein Buch, der Einfluss der Eltern oder der Unterschied zwischen den Gewohnheiten des Partners und seinen eigenen.

Das »Feld« des Lebens ist gekennzeichnet von der Spannung zwischen dem, was dem Organismus gleicht, und dem, was ihm nicht gleicht – zwischen Konservativem und Neuem. Der Prozess des Lebens besteht darin, das jeweils »Ungleiche« oder »Neue« zu verdauen und anzupassen, um den Organismus zu erhalten, wachsen zu lassen und fortzupflanzen. Alle Fähigkeiten sind auf das so definierte Wohl des Organismus gerichtet.

Die Gestalttherapie behandelt Störungen des Lebensprozesses. Es wird etwas nicht Nahrhaftes – etwas nicht Assimilierbares – als Nahrung ausgewählt, die Nahrung wird nicht genügend zerkleinert (assimilierbar gemacht), die Verdauung klappt nicht, die Assimilierung scheitert. Wie kann es dazu kommen, obgleich der Organismus mit seinem Streben nach Befriedigung und das Denken mit seinem Streben nach Wahrheit doch immer auf das Befriedigende hin zielen? Warum erscheint es oft so, als ob der Organismus eher das Falsche für sich tut als das Richtige? Können wir den Entscheidungen des Organismus überhaupt trauen?

Der Grund dafür, dass der Organismus so große Schwierigkeiten hat, den lebensfähigen Kontakt mit der Umwelt herzustellen, liegt in der beschriebenen fortwährenden, sozial erzwungenen Unterdrückung der Aggression. Angst löst nicht so, wie es sein sollte, eine nur zeitweilige und vorübergehende Gefühllosigkeit gegenüber den aggressiven Impulsen aus, sondern einen weitgehenden Verzicht darauf, auf das zu hören, was der Körper sagt. Die Angst ist weder so groß, dass der Organismus abstirbt, noch gibt es eine Entwarnung, Entspannung und Wiederaufnahme der »normalen« Lebensfunktionen. (»Latente Angst.«)

Wenn die erreichbare Nahrung zwar den Organismus irgendwie erhalten kann, aber wichtige Merkmale wie Geschmack, natürliche Zusammensetzung, ausgeglichene Wirkung auf den Stoffwechsel usw. nicht aufweist, tritt weder der Notstand des Hungers ein noch wird der Hunger befriedigt. In diesem Fall werden Körper und Geist getrennt: Der Geist behauptet, ausreichend Nahrung zur Verfügung gestellt zu haben, während der Körper Mangel meldet. Da der Geist diese Meldung für falsch erklärt, muss das Gefühl für den Körper reduziert werden. Der Geist verlässt sich nicht mehr auf die »Meldungen« des Körpers, entfremdet sich vom Körper und verliert damit die Basis seiner eigenen Funktion.

Nähren als Zerkleinerung und als Verdauung des Neuen ist der grundlegende Prozess des Lebens: Das Ungleiche wird verwandelt und als Gleiches assimiliert und integriert, damit der Organismus wachsen kann. Sich zu nähren hieße, sagte der griechische Philosoph Aristoteles, »Ungleiches gleich zu machen«.

Der Ort der Ernährung ist der Kontakt: Der Organismus berührt das Feld, wählt das ihm Gemäße aus und verleibt es sich ein. In dieser Weise versteht die Gestalttherapie alle Sinnesorgane als taktil. Sehen, Hören und Riechen sind Spezialformen des Tastens: Von dem jeweiligen Gegenstand wird die »mediale« Luft in Bewegung gesetzt, und es ist diese Bewegung, die das Sinnesorgan als Farbe, Ton oder Geruch spürt.

Das Tasten kann nun freilich beschädigt werden. Es gibt eine Gesamtsituation, in der das Tasten misslingt. Alles Tastbare ist auf Dauer uninteressant. Diese These ist einer der wichtigsten

Aspekte der Gestalttherapie: Erst eine genaue Analyse der beschädigten Wahrnehmung der Organismen – der »Neurosen« eben – kann aufdecken, welche gesellschaftlichen Bedingungen durch welche Mechanismen die Beschädigung hervorrufen. Die Beschädigung ist weder eine »anthropologische Konstante« noch eine »zufällige« geschichtliche Erscheinung, sondern Ergebnis einer gesellschaftlichen Fehlentwicklung.

Um die gesellschaftliche Fehlentwicklung, die das gesamte Feld für den menschlichen Organismus zu einer ebenso gefährlichen wie unbefriedigenden Umgebung macht, verstehen zu können, müssen wir uns wieder dem Aspekt der Aggression im Kontakt zuwenden: Der menschliche Organismus, erfüllt mit dem Bedürfnis nach einem Gut, ausgestattet mit dem Tastsinn, um das Gut zu erkennen, und mit Aggression, um es assimilieren zu können, trifft nun auf folgende Situation: Alles, was er je begehren könnte – Nahrung, Unterkunft, Sicherheit, ja sogar Luxus, Bildung und Sinnlichkeit –, hat die Gesellschaft bereits zur Verfügung gestellt. Als Gegenleistung verlangt sie einen weitgehenden Verzicht auf Konflikt und Aggressivität, denn dies würde ja die Ordnung bedrohen, die für alle sorgt.

Der Geist kann sich dieser Rationalität nicht entziehen: Er »will« die Ordnung und die Ruhe, aber um sie durchzusetzen, bedarf es der Aggression. Die Aggression richtet er gegen den eigenen Körper. Denn der rebelliert. Er muss rebellieren, denn ohne Aggressivität, ohne Begehren, Zerstören und Neugestalten kann er sich die Gegenstände der Umgebung nicht so anpassen, dass sie ihm »gleich« werden. Sie bleiben äußerlich, fremd und unbefriedigend. Schließlich kann der Körper nicht einmal mehr ordnungsgemäß verdauen. Selbst die Nahrung ist entfremdet. Wer nicht zubeißt, kann nicht schmecken. Die Umgestaltung findet nicht statt. Die unzerkleinerten »Introjekte« liegen schwer im Magen. (Fritz Perls hat einmal bemerkt, dass die Angewohnheit, seinen Energiebedarf mit süßer Limonade zu decken – womöglich noch mit einem Strohhalm getrunken –, auf eine »Beißhemmung« zurückzuführen sei, die eine Regression auf eine frühkindliche Nahrungsaufnahme herbeiführen würde.)

Wenn der Organismus auf diese Weise erkrankt, bleibt das nicht ohne Folgen für den Geist. Denn die verminderte Wahrnehmungsfähigkeit mündet auch in schlechterem Denken. Wir haben nun einen kranken Körper und einen kranken Geist, aber zwischen der Überwindung der Krankheit beider steht die Gesellschaft. Die Gesellschaft verbietet, was für sie gefährlich zu sein scheint, nämlich die aggressiven Ansprüche des einzelnen Menschen. Sie zerstört jedoch damit gleichzeitig die Lebensgrundlage für die Menschen (und sich selbst), deren Bedürfnisse eben nicht durchgängig sozial harmonisch sind.

Was wir nach Paul Goodman bräuchten, um wieder gesund werden zu können, wäre ein »vegetativer Anarchismus«: »ein bisschen mehr Unordnung, Schmutz, Impulsivität und ein bisschen weniger Staat«. Denn die Aggression richtet sich nicht auf das Schlechte, sondern darauf, die Umgebung des Organismus diesem anzupassen.

Dieser Wunsch ist nicht ohne Konfliktpotential, und er muss durch ein Denken kanalisiert werden, das nach allgemeingültigen Gründen abwägt. Diese Abwägung findet auch im Organismus statt, und der Konflikt wird zwischen den Organismen ausgetragen. Andernfalls verhungern der Körper und der Geist.

Das Symptom: Neurose

Die Neurose ist nach gestalttherapeutischer Ansicht die gesunde und sinnvolle Antwort des einzelnen auf irrationale und kranke gesellschaftliche Zustände. Angst, bereits nach psychoanalytischer Auffassung der Hauptfaktor bei der Neurosenbildung, entsteht, weil die Erregung der kreativen Anpassung unterbrochen wird. Dies geschieht auf die geschilderte Weise durch Unterdrückung der Aggressivität.

Das typische Bild des Neurotikers ist es, dass er zunächst seine

Wahrnehmung von sich und seiner Umwelt und schließlich sogar sein Verständnis für sich und seine Umwelt reduziert. Gleichwohl spannt er seinen Willen und seine Muskeln stark an, als ob er sich anschicken würde, seine Bedürfnisse zu befriedigen. In der gegebenen Situation der chronischen Angst ist dies tatsächlich hilfreich.

Die neurotische Erfahrung reguliert sich durchaus selbst. Da die extreme Willensanstrengung auf der chronischen Angst basiert, kann man von einer *neurotischen Gesellschaft* sprechen. Aber der Neurotiker tendiert spontan zur Anspannung und dies auch dort, wo er sich eigentlich gefahrlos entspannen könnte. Dies lässt sich mit gestalttherapeutischer Hilfe allerdings ändern. Immerhin führt die Selbstregulation des Neurotikers ihn zum Therapeuten.

Die Neurose ist nicht in einem aktuellen inneren oder äußeren Konflikt begründet. Derartige Konflikte – Konflikte zwischen den Bedürfnissen, Konflikte zwischen sozialen Ansprüchen und körperlichen Bedürfnissen, Konflikte zwischen persönlichen Zielen (z. B. Ehrgeiz) einerseits und sozialen Ansprüchen und körperlichen Bedürfnissen andererseits – können durch das Selbst integriert werden. Vielmehr besteht die Neurose in der vorzeitigen Befriedung der Konflikte durch die gesellschaftliche Ächtung und Unterdrückung der individuellen Aggressivität – der Möglichkeit, sich im Konflikt die Umwelt anzupassen, anstatt der Umwelt angepasst zu werden. Das erzeugt die chronische Angst, die zur Neurose führt.

Eine aufregende Entdeckung: Nicht die Angst vor oder in einem Konflikt ist problematisch (sie ist vielmehr eine gesunde Reaktion in einem gesunden Kontext), sondern der ständig vorzeitig abgebrochene Konflikt produziert problematische Angst – nicht eine »große« Angst, sondern eine dauernde kleine Spannung: die Angst, in eine Situation verwickelt zu werden, in der ein Konflikt unausweichlich oder eigentlich nützlich wäre, aber nicht ausgetragen wird, und die Angst, dass die vielen unausgetragenen Konflikte zu Tage treten könnten. Die Neurose ist dadurch gekennzeichnet, dass eine flexible Funktion des Selbst – nämlich die richtige Antwort auf Gefahr und Angst – zu einer starren Gewohnheit wird: Der Organismus verhält sich habituell, unveränderlich und ohne weitere Prüfung der Notwendigkeit so, als herrsche ununterbrochen Gefahr. In der Gestalttherapie sprechen wir von dem »Verlust der Funktion des Selbst«.

Wir haben eben gesagt, die Neurose sei eine Überanstrengung der Willenskraft, ausgedrückt in Muskelverspannung. Der »Wille« jedoch ist unzweifelhaft eine Funktion des Selbst. Wie kann dann die Neurose einen Verlust der Funktion des Selbst beinhalten? Wie kann sie als Abgleiten von Verhalten in die durch den Willen nicht kontrollierten Bereiche der *zweiten Natur* bezeichnet werden?

Im Selbst nämlich müssen sich Wille und Vernunft entsprechen. Willensüberanstrengung liegt vor, wenn das, was gewollt ist, nicht an die Vernunft gekoppelt wird. Dann wird das, was den Sinnen als Wille erscheint (Muskelspannung) unwillkürlich, weil es beliebig ist. Die Bewegung hat die Form des Willens, jedoch nicht den Inhalt. Der Inhalt des Willens stammt nun nicht aus der Vernunft selbst, sondern er wird von ihr nur »vermittelt«: Die Vernunft interpretiert die Bedürfnisse, die Möglichkeiten ihrer Befriedigung und setzt entsprechende Schritte zur Bedürfnisbefriedigung fest.

Wir haben betont, die Neurose sei eine »vernünftige« Antwort. Nun aber dankt in der Neurose die Vernunft ab und macht den Willen unwillkürlich. In diesem doppelten Paradox liegt der Kern der gegenwärtigen Schwierigkeiten: In einer Welt, die individuelle Bedürfnisbefriedigung weitgehend verhindert (alle Bedürfnisse werden entweder kollektiv befriedigt oder ihre Befriedigung wird abgelehnt), ist es »vernünftig«, auf seine Vernunft zu verzichten und anstelle eines zielgerichteten Willens eine unwillkürliche Willensanspannung zu setzen.

Das therapeutische Paradox

Wenn nicht die neurotische Reaktionsform des einzelnen Menschen das Problem ist, sondern die falsch eingerichtete Gesellschaft, fragt man sich, wie Psychotherapie dann überhaupt noch sinnvoll gestaltet werden kann. Denn es ist ja gefährlich, die Neurosen oder Widerstände therapeutisch aufzulösen, da der Klient ohne sie schutzlos dastehen würde.

Weil sich die Struktur des Selbst aus den Kontakten entwickelt hat, soweit der Organismus in der Lage war, sie zu assimilieren und zu integrieren, bedeutet der Angriff auf die *Widerstände*, dass das Selbst angegriffen wird. Außerhalb des konkreten sichtbaren Selbst besteht nach gestalttherapeutischer Ansicht kein »wahres« tieferes Selbst. Die Annahme eines solchen »wahren Selbst« (im Unterschied zum sichtbaren Selbst) wäre ebenso wenig schlüssig wie die Vorstellung, jemand, der sich schlecht ernährt, würde gesünder leben, wenn er gar keine Nahrung zu sich nähme. Nein, er verhungert. Das »Selbst« ist nicht tief in einem verborgen, sondern entsteht an den Kontaktgrenzen. (Allerdings sollte dies nicht dahingehend interpretiert werden, an der Kontaktgrenze würden immer neue, gleichsam jeweils andere »Selbste« entstehen. Nein, das Wort Selbst kann wie das Wort Ich aus gutem Grund nicht in den Plural gesetzt werden: Es ist nämlich das Prinzip – oder wie Perls sagte: Symbol – der Identifikation, welches ermöglicht, dass ich das, was ich tue und was mir widerfährt, als zu mir gehörig wahrnehme.)

Auf der anderen Seite wäre es jedoch auch falsch zu behaupten, der Therapeut müsse auf seine Arbeit ganz verzichten und die Widerstände bzw. Neurosen nicht bekämpfen. Denn der Klient leidet. Er begibt sich in Therapie, weil er die Ziele, die er anstrebt, fortwährend verfehlt oder wenigstens meint, sie zu verfehlen. Seine Widerstände richten sich dagegen, seine eigenen Ziele zu erreichen. Der Therapeut muss nun beides: an den Widerständen arbeiten und sie als Ausdruck des Selbst respektieren.

Es ist wesentlich die Einsicht in dieses therapeutische Paradox, das die Gestalttherapie von anderen Psychotherapien unterscheidet. Sie gibt dem Therapeuten Orientierung zum eigenen Nachdenken, keine fertigen Antworten. Das Paradox lässt sich nicht lösen, sondern muss immer erneut erlebt und ausgehalten werden.

Dies darf nicht verwechselt werden mit dem heute beliebten Sammelsurium von Methoden, zu dem sich Therapeuten berechtigt fühlen, indem sie unreflektiert das »alles ist erlaubt« ins Feld führen. Für einen Gestalttherapeuten ist die Methode nie beliebig. Die Methode muss durchdacht sein. Sie muss dem Klienten, dem Therapeuten und der Situation angemessen sein. Es gibt keine andere Möglichkeit, die Angemessenheit festzustellen, als das eigene, verantwortliche Durchdenken, das der Therapeut vornimmt. Und er sollte sich immer in Demut daran erinnern, dass er, wie er auch entscheidet, das Paradox nie auflösen wird. Aus dem therapeutischen Paradox ergibt sich ein Dilemma für die Praxis des Therapeuten:

1. Widerspruch zwischen individuellem Leiden und kollektiver Verursachung. Dieser Widerspruch drückt sich darin aus, dass der Therapeut nur beim einzelnen Klienten ansetzen kann, auch wenn er sich kollektiv verursachten Problemen gegenübersieht. Und selbst wenn noch so oft betont wird, das Ziel bestünde nicht darin, den Klienten an die Umwelt anzupassen, sondern in die Lage zu versetzen, die Umwelt den eigenen Bedürfnissen entsprechend zu verändern – letztlich ist die Umwelt, sprich: das gesellschaftliche Kollektiv, doch stärker. Die Stärke der Gesellschaft verwirklicht sich sinnigerweise gerade durch den klientenzentrierten Wunsch des Therapeuten, Leidensdruck zu mindern. Denn sinnvolle Kriterien für das Gelingen der Therapie wie Funktionstüchtigkeit, Glück und Zufriedenheit sind unausweichlich mit einer sehr weitgehenden Anpassung an das Bestehende verkoppelt.

2. Widerspruch zwischen dem materiellen und dem ideellen Interesse des Therapeuten. Nicht nur übt die individuelle Perspektive der Therapie Druck aus, den Klienten dem Bestehenden zu unterwerfen. Ebenso übt der therapeutische Beruf Druck auf den Therapeuten aus, sich dem Bestehenden zu unterwerfen. Diesen Widerspruch macht aus, dass mit der Korrektur individueller Probleme sich Geld verdienen lässt in einer Gesellschaft, die diese Probleme produziert oder wenigstens verschärft, während politisch-soziale Einmischung eine brotlose Beschäftigung ist. Effektivere Formen des Protests sind mitunter nicht ungefährlich und können existenzgefährdend werden.

3. Widerspruch zwischen der beruflichen und der berufsständischen Perspektive. Über den Widerspruch zwischen dem materiellen und dem ideellen Interesse hinausgehend gibt es als dritten Teilaspekt des Dilemmas solche sozialtechnischen Strukturen, mit denen der Therapeut an das bestehende System gebunden wird: Etwa wird dem, der folgsam sich unterwirft, eine gesicherte Existenz durch Kassenzulassung eröffnet; der unbequeme, der an seiner Außenseiterrolle festhält, wird dagegen an den Rand der Illegalität gedrängt oder offen kriminalisiert.

Zusammengefasst bedeutet das beschriebene therapeutische Paradox für die Praxis des Therapeuten: Auf der einen Seite ist er sozialpsychologisch aufgeklärt und weiß um die gesellschaftlichen Wurzeln vieler Leiden der Klienten; auf der anderen Seite jedoch kann er weder dem Klienten besser bei der Meidung von Leidensdruck helfen, als ihm die Anpassung an die kranke Gesellschaft zu raten, noch kann er seine materielle Absicherung anders erreichen, als sich der krankmachenden Gesellschaft zu unterwerfen.

Diagnostische Möglichkeiten

Der Therapeut sieht sich nicht der kranken Gesellschaft gegenüber, sondern einem Menschen, der in gesunder Abwehr auf die Krankheit der Gesellschaft reagiert und daran leidet. Paradoxerweise wird also gleichsam die Gesundheit und nicht eine Krankheit diagnostiziert. Die gestalttherapeutische Diagnose muss zweierlei feststellen:

A. An welcher **Stelle** wird der Kontakt zwischen Organismus und Umwelt unterbrochen? Es gibt, grob gesagt, sechs mögliche Stellen der Unterbrechung in dem Prozess des Kontaktes, der als »Gestaltwelle« beschrieben wird.

B. In welcher **Form** ist der Kontakt zwischen Organismus und Umwelt gestört? Es gibt fünf mögliche Formen der Kontaktstörung, nämlich Introjektion, Projektion, Retroflektion, Deflektion und Konfluenz.

Das Ziel der Diagnose ist nicht, die Kontaktstörung unbesehen und auf jeden Fall zu beseitigen, sondern eher, sie nur erst bewusst zu machen: Der Klient kann dann, unterstützt vom Therapeuten, überlegen und gegebenenfalls ausprobieren, ob es andere und vor allem bessere Lösungsmöglichkeiten gibt (oder eben herausfinden, dass seine bisherige Lösung die bestmögliche für ihn ist).

Oft finden Sie in der gestalttherapeutischen Literatur den Begriff »Kontaktunterbrechung«. Dies ist uns jedoch zu nah an der Vorstellung, der Kontakt würde in jedem Fall abgebrochen. Uns ist wichtig zu betonen, dass wir den Begriff »Kontaktstörung« nicht im psychiatrischen Sinne als Störung der »Persönlichkeit« verstehen.

Im Folgenden beschreiben wir die Stellen (in der *Gestaltwelle*) und Formen der Kontaktstörung, die die Gestalttherapie diagnostisch einsetzt.

A. Mögliche Stellen der Kontaktstörung (Gestaltwelle)
Mit der Gestaltwelle (siehe unten) wird der Vorgang vom Entstehen bis zur Befriedigung eines Bedürfnisses beschrieben:

1. **Vorkontakt.** Ein Bedürfnis entsteht langsam, indem es sich bemerkbar macht. Das genaue Bedürfnis ist noch unklar, zunächst ist da nur Unruhe, Unwohlsein, unbestimmte Erregung usw., die dazu dient, die Aufmerksamkeit auf sich zu ziehen. Dieses Stadium wird »Vorkontakt« genannt, weil ein konkreter Kontakt mit irgendetwas noch nicht besteht.
2. **Kontakt** mit seinem Bedürfnis. Dann bemerkt man das sich intensivierende Bedürfnis, bemerkt z. B.: »Ich habe Hunger.« In diesem Stadium beginnt der Kontakt. Zunächst ist dies der Kontakt »mit sich selbst« bzw. mit seinem Bedürfnis. Die Erregung nimmt zu, es beginnt sich die Energie aufzubauen, die notwendig ist, um das Bedürfnis befriedigen zu können.
3. **Kontakt** mit der Umwelt: Sehen und Tasten = Auswählen und Beurteilen. Das folgende Stadium ist die Kontaktaufnahme mit der Umwelt. Man erforscht die Möglichkeiten, das Bedürfnis zu befriedigen, z. B. das Vorhandensein von etwas, das den Hunger stillt. Dies kann etwa durch Blickkontakt geschehen oder durch den Blick in die Erinnerung

(»Ist wohl noch ein Steak im Kühlschrank?«). Die Erwartung, das Bedürfnis befriedigen zu können, steigert die Energie, die zur Verfügung gestellt wird, fast auf den Höhepunkt.

4. **Kontakt** mit der Umwelt: Handeln, Eingreifen, Umgestalten, Zerlegen = Aggression. Darauf folgt der direkte Kontakt: Man tut, was das Bedürfnis sagt und wozu die Umwelt eine Ressource bereit hält. Dieses Stadium kann lange anhalten, wenn die Befriedigung des Bedürfnisses schwierig ist (beispielsweise muss erst etwas Essbares eingekauft werden). Die aggressive Umgestaltung der Umwelt in der Weise, die das Bedürfnis zu befriedigen erlaubt, bedarf der Energie. Es kann aufgrund der sich auftuenden Schwierigkeiten noch weitere Energie mobilisiert werden, jedoch verbraucht sie sich schnell. Der Höhepunkt der Erregung wird erreicht und dann überschritten.

5. **Kontakt** mit der Umwelt: Assimilation (oder Integration). Schließlich wird (in diesem Beispiel) das Bedürfnis befriedigt, indem der Körper mit der dem Bedürfnis entsprechend umgestalteten Umwelt »vermischt« wird. Dies ist die Assimilation oder Integration. (Oft wird in der Gestalttherapie »*kreative* Anpassung« gesagt, um das Missverständnis zu vermeiden, der Organismus würde *einseitig* der Umwelt unterworfen.) Die Erregung flaut schnell ab.

6. **Nachkontakt.** Wenn das Bedürfnis nun erfüllt ist, stellt sich Befriedigung ein. Damit ist die »Welle« abgeschlossen und eine »Gestalt« entstanden. Die Erregung sinkt zurück auf den Nullpunkt, der Organismus ist bereit für die nächste »Welle«.

Der Gestaltwelle im einzelnen sehr genau nachzugehen, ist nur notwendig, wenn sich die erwartete Befriedigung nicht einstellt: Dann ist etwas schief gelaufen. Um herauszubekommen, was schiefgelaufen ist, muss man sehen, in welchem Stadium der Kontakt nicht richtig hergestellt worden ist:

- Hat die Person ihr Bedürfnis nicht richtig gespürt? (Im Stadium 2: Kontakt mit seinem Bedürfnis.)
- Hat sie sich auf ein Objekt gerichtet, das das Bedürfnis nicht zu befriedigen in der Lage ist?
- Oder auf ein Objekt, das gar nicht zur Verfügung steht? (Im Stadium 3: Kontakt mit der Umwelt durch Sehen und Tasten = Auswählen, Beurteilen.)
- Lässt die Person nicht zu, dass sich das Gefühl der Befriedigung einstellt? (Im Stadium 6: Nachkontakt.)

Allerdings zieht nicht jede Kontaktstörung oder Kontaktunterbrechung ein Problem nach sich. Da es die Bedingung der Zeitgebundenheit menschlicher Existenz ist, dass wir immer nur eine Sache auf einmal machen können, muss es dann, wenn verschiedene Bedürfnisse gleichzeitig auftreten, eine Priorisierung geben. In den allermeisten Fällen geschieht diese Priorisierung durch eine Selbstregulation völlig problemlos: Das Bedürfnis, das für den Organismus am vordringlichsten ist, produziert eine Erregung, die groß genug ist, um die gegenwärtige Tätigkeit zu unterbrechen. Das einfachste Beispiel ist der Harndrang: Egal, was Sie gerade tun, wenn es vordinglich ist, Wasser zu lassen, wird das Bedürfnis so groß, dass Sie alles stehen und liegen lassen, um es zu befriedigen.

Stellen Sie sich vor, Sie wollen am Abend noch eine bestimmte Arbeit erledigen. Sie treffen die ersten Vorbereitungen, aber dann spüren Sie, dass Sie doch eigentlich nicht mehr arbeiten möchten. Bei genauerem Hinsehen gibt es sogar zwei Konkurrenten für die Arbeit: Sie würden gern noch in dem Krimi weiterlesen, den Sie angefangen haben, aber außerdem fühlen Sie sich sehr müde. Nun konkurrieren drei Bedürfnisse in Ihnen: (1.) Arbeit, (2.) Lesen und (3.) Schlafen. (Siehe Grafik rechts.) Wenn Sie nun sehr müde sind, wird das Schlafbedürfnis sich so stark geltend machen, dass Sie Ihre Arbeit unterbrechen. Das Bedürfnis nach Lesen aber ist dann nicht vordringlich und bleibt unterhalb des Erregungsniveaus, das nötig ist, um Sie zum Handeln zu bringen. Sie gehen nun schlafen und nehmen Ihre Arbeit erst wieder nach dem Schlaf auf. (Natürlich kann vor dem Weiterarbeiten ein weiteres dringliches Bedürfnis einsetzen, beispielsweise der Hunger, so dass Sie vorher noch etwas essen. Aber diese Darstellung soll ja nicht zu komplex werden.) Sie denken auch kurz wieder an Ihren Krimi, aber nun ist die Arbeit vordringlich. Erst wenn Sie Ihre Arbeit abgeschlossen haben und mit ihr zufrieden sind, wenden Sie sich dem Bedürfnis zu, den Krimi weiterzulesen. Das Bedürfnis ist gar nicht so stark, aber weil es keine stärkeren konkurrierenden Bedürfnisse gibt, entspannen Sie sich zufrieden beim Lesen.

»Was soll das?« denken Sie jetzt vielleicht, »das ist doch ganz alltäglich und natürlich.« Genau. Die Selbstregulation läuft so ab, dass Sie gar nicht darüber nachzudenken brauchen, sondern sich darauf konzentrieren können, was Sie gerade tun. Nur eben, wenn dieser natürliche Vorgang irgendwie behindert wird (und das ist nach gestalttherapeutischer Auffassung die Kontaktstörung), muss die Aufmerksamkeit therapeutisch dahin gelenkt werden.

Je nach der Stelle, an der eine Kontaktstörung stattfindet, ergeben sich unterschiedliche Folgen, die wir als unangenehm (bzw. problematisch) empfinden:

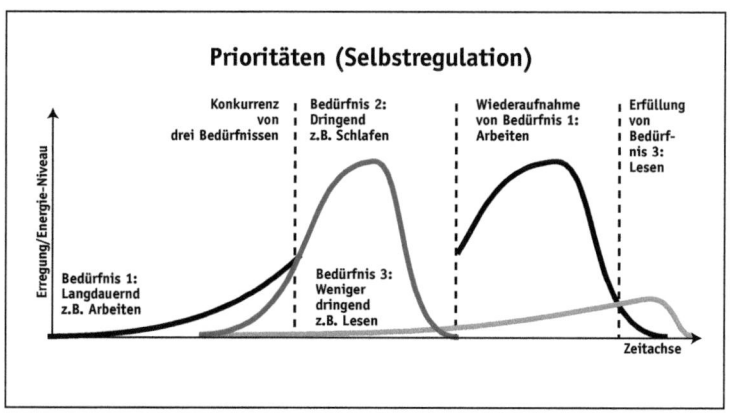

1. Störung im Vorkontakt: Man lässt ein Bedürfnis gar nicht erst konkret auftreten. Darum bleibt bei einer Störung in diesem Stadium nur ein unbestimmtes Unwohlsein zurück, da man ja noch gar nicht zugelassen hatte, das konkrete Bedürfnis anzuschauen.

2. Störung im Kontakt mit seinem Bedürfnis. Wer sein Bedürfnis nicht richtig wahrnimmt, bekommt logischerweise auch nicht das, was er »eigentlich« wollte. Wer Liebe sucht, stattdessen aber Schokolade isst, wird vielleicht dick, nicht befriedigt.

3. Störung im Kontakt mit der Umwelt. Wer seine Umwelt nicht richtig wahrnimmt, kann logischerweise nicht sehen, welche positiven Ressourcen diese Umwelt für ihn bereit hält.

4. Störung im aggressiven Kontakt. Bei dem, der nicht zielgerichtet durchsetzt, was er braucht, sondern sich ängstlich zurückzieht (Harmoniebedürfnis) oder blindwütig um sich schlägt (Destruktivität), bleibt notwendig die Unterstellung zurück, nicht bekommen zu können, was er braucht.

5. Störung der Assimilation (oder Integration). Wer die Dinge nicht richtig aufnimmt, annimmt, verdaut, assimiliert, in sein Selbst integriert, wird nicht »satt«. Die Sättigung stellt

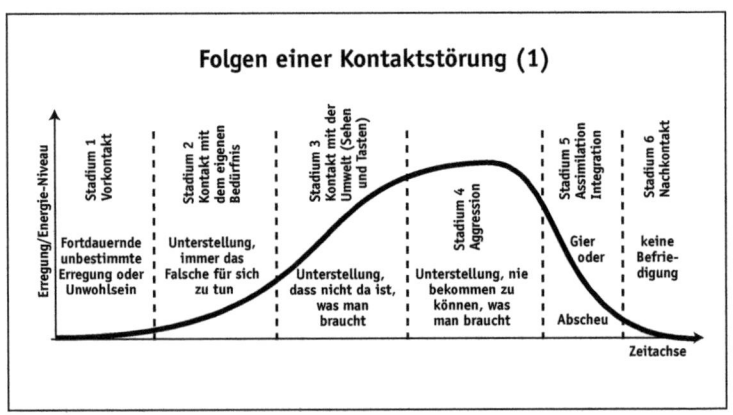

Folgen einer Kontaktstörung (1)

Erregung/Energie-Niveau

Stadium 1
Vorkontakt

Stadium 2
Kontakt mit
dem eigenen
Bedürfnis

Stadium 3
Kontakt mit der
Umwelt (Sehen
und Tasten)

Stadium 4
Aggression

Stadium 5
Assimilation
Integration

Stadium 6
Nachkontakt

Fortdauernde
unbestimmte
Erregung oder
Unwohlsein

Unterstellung,
immer das
Falsche für sich
zu tun

Unterstellung,
dass nicht da ist,
was man
braucht

Unterstellung, nie
bekommen zu
können, was
man braucht

Gier
oder

Abscheu

keine
Befrie-
digung

Zeitachse

sich ja nur ein, wenn der Organismus das, was er braucht, sich auch »zu eigen macht«. Bleibt es ein Fremdkörper, so wird der Organismus entweder gierig »immer mehr« verlangen oder sich in Ekel und Abscheu abwenden.

6. Störung der Befriedigung. Jemand ist zwar in der Lage, sich die Dinge, die er braucht, zu eigen zu machen, verspürt dabei jedoch keine Befriedigung. Das scheint eine aberwitzige Konstellation zu sein, ist aber durchaus verbreitet bei allen Personen, die lustfeindliche Werte in sich tragen.

B. Mögliche Formen der Kontaktstörung

Die Gestalttherapie diagnostiziert fünf Kontaktstörungen: Introjektion, Projektion, Retroflektion, Konfluenz, Deflektion. Die einzelnen Kontaktstörungen können nicht in allen Stadien stattfinden, sondern setzen teilweise voraus, dass ein gewisser Kontakt hergestellt worden ist oder hergestellt wird. (Bitte halten Sie im Sinn, was wir über die gestalttherapeutische Sicht der Neurose gesagt haben: Die Kontaktstörung ist weder sinnlos, noch ist sie negativ zu bewerten. Sie ist eine bestimmte Problemlösung. Die Therapie will sie nur bewusst machen, um eine eventuelle Erstarrung zu überwinden, die den Blick auf bessere Lösungsmöglichkeiten verbaut.)

1. **Introjektion** bezeichnet in der Gestalttherapie die »unverdaute«, »unassimilierte« oder »unangepasste« Aufnahme von Nahrung, Normen usw. Dinge werden »als Ganzes« geschluckt, ohne angepasst (integriert) zu werden. Das können unzerkaute Lebensmittel ebenso sein wie unverstandene oder uneingesehene Normen. Das introjizierte »Ding« ist das »Introjekt«. Eine Kontaktstörung ist das, weil der Mensch, der etwas introjiziert, das Introjekt so wenig wie möglich »berührt«. Er tritt nicht in Kontakt mit ihm, sondern schluckt es schnell hinunter, um keinen Kontakt zu haben. Darum liegt ihm das Introjekt auch schwer im Magen, weil nämlich das Verdauen – der gestaltthera-

peutische Name dafür ist »Assimilation« (Anpassung) –
selbst eine Kontaktfunktion ist. Ein typisches körperliches
Symptom: Verstopfung ohne organische Ursache.
Die Introjektion kann definitionsgemäß nur im Stadium 5
der Gestaltwelle, nämlich der Assimilation, stattfinden.

2. **Projektion.** Einem anderen Menschen werden Dinge unterstellt, die man bei sich selbst ablehnt. Jemand ist wütend,
aber hat z. B. die introjizierte Norm, dass man nicht wütend
sein dürfe. Wohin mit der Wut? Der Wütende spürt sie ja!
Da er sie aufgrund seiner Norm nicht haben darf, unterstellt
er, dass der andere wütend sei – der vielleicht gar nicht
wütend ist. Wem aber lange genug unterstellt wird, dass er
wütend sei, wird am Ende wütend. Eine Kontaktstörung ist
das, weil der Gegenüber nicht so wahrgenommen wird, wie
er ist. Darum kann man mit ihm nicht wirklich in Kontakt
treten. Typisches körperliches Symptom: Verspannung (also
Angst) ohne organische Ursache.
Die Projektion findet im Stadium 3 der Gestaltwelle statt,
dann nämlich, wenn jemand in der Umwelt nach Ressourcen

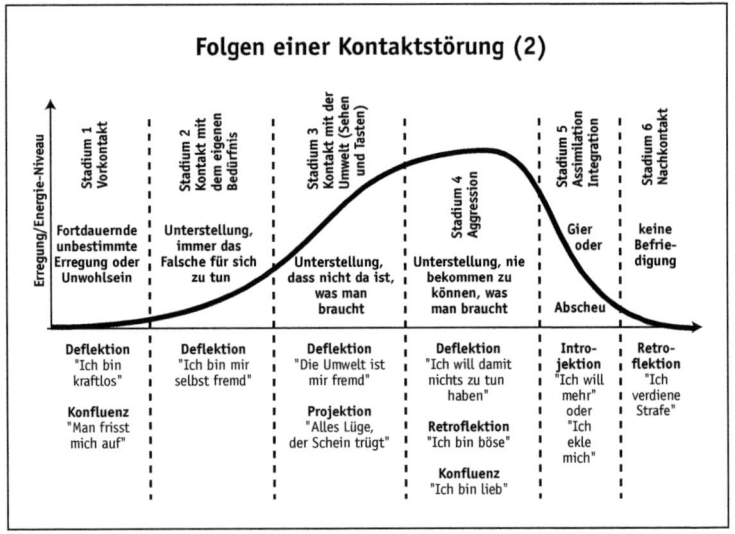

sucht, um sein Bedürfnis zu befriedigen. Das setzt natürlich voraus, dass man die Ressourcen richtig wahrnimmt.

3. **Retroflektion.** Jemand meint beispielsweise, auf jemand anderen wütend sein zu müssen. Seine Norm sagt ihm aber, dass Wut etwas Schlechtes sei. Er darf also nicht selbst wütend auf den anderen zugehen, weil er dann ja seine Norm verletzten würde. Wohin mit der Wut? Er richtet die Energie der Wut gegen sich selbst, denn keine Norm verbietet ihm, Wut gegen sich selbst zu richten. Das ist Retroflektion. Wenn wir »retroflektieren«, tun wir uns das an, was wir jemand anderem antun möchten. Ein Kontakt mit dem Gegenüber kommt auf diese Weise gar nicht mehr zustande, nicht einmal in den rudimentären Ansätzen der Introjektion und der Projektion. In anderen psychotherapeutischen Zusammenhängen wird die Retroflektion auch »Autoaggression« genannt. Ein typisches körperliches Symptom sind Schmerzen ohne organische Ursache.

Die Retroflektion ist oft Folge einer vorausgegangenen Projektion. Sie tritt dann im Stadium 4 der Gestaltwelle auf, nämlich wenn man meint festzustellen, dass die Umwelt die geeigneten Ressourcen nicht zur Verfügung stellt. Sie kann jedoch auch Folge einer Introjektion sein und tritt dann im Stadium 6 ein: Man merkt, dass sich die Befriedigung aufgrund der unvollständigen Assimilation nicht einstellt, und gibt sich die Schuld dafür, indem man sich bestraft.

4. **Konfluenz** bezeichnet fehlende Kontaktgrenzen gegenüber der Umwelt. Wer sich immer nach den Erwartungen anderer richtet, jeden Konflikt vermeidet, Harmonie und Nähe um jeden Preis herstellen will, ist »konfluent«. Er grenzt sich nicht ab. Die Kontaktfunktion des Konfliktes fehlt. Die Konfluenz harmoniert besonders mit der Introjektion. Typisches körperliches Symptom: Übergewicht ohne eine organische Ursache. »Dicke sind gemütlich«, sagt auch das Sprichwort.

Die Konfluenz kann schon im ersten Stadium der Gestaltwelle den Kontakt stören, nämlich indem das Aufkommen des Bedürfnisses unterdrückt wird. Vielfach tritt sie jedoch erst im vierten Stadium auf, nämlich wenn es erforderlich wird, die Umwelt seinen Bedürfnissen entsprechend aggressiv umzugestalten.

5. **Deflektion.** Jemand versucht, dem notwendigen Konflikt durch Ausweichen zu entgehen. Er wendet sich ab, schläft ein, »deflektiert«. Es fehlt wie bei der Konfluenz die Kontaktfunktion des Konfliktes. Aber der Konflikt wird nicht durch »konfluente« Eingliederung in die Umwelt vermieden, sondern durch »deflektierenden« Rückzug aus der Umwelt. Typisches körperliches Symptom: Müdigkeit ohne organische Ursache.

Die Deflektion tritt typischerweise im Stadium 4 auf und ist eine alternative »Methode« zur Konfluenz, dem Konflikt zu entgehen, der die notwendige aggressive Komponente in der Bedürfnisbefriedigung mit sich bringt. Sie kann jedoch schon im 1. bis 3. Stadium auftreten, um bereits das Aufkommen eines Bedürfnisses zu unterdrücken, wenn vorausgesehen wird, dass seine Befriedigung konfliktreich werden könnte.

Durch die Formen der Kontaktstörung können die Folgen, wie wir beschrieben haben, präzisiert werden.

1. Störung im Vorkontakt. Deflektion: Wenn sich jemand in diesem Stadium zurückzieht, also deflektiert, meint, von seiner Kraft verlassen worden zu sein.

Konfluenz: Wer die Wahrnehmung seines Bedürfnisses durch Konfluenz stört (also indem er in übertriebener Weise seine Bedürfnisse zugunsten Anderer zurückstellt), noch bevor er es kennt, wird das Gefühl entwickeln, von den Mitmenschen (oder von der »Situation«) »aufgefressen« zu werden.

2. Störung im Kontakt mit seinem Bedürfnis. Deflektion: Wer

an dieser Stelle deflektiert, wird sich selbst fremd, denn er weigert sich ja, sein Bedürfnis richtig wahrzunehmen.

3. Störung im Kontakt mit der Umwelt. Deflektion: Oder diese Weigerung geschieht durch ein Wegschauen. Da man das, was man nicht anschaut, auch nicht kennenlernen kann, wird einem dann die Umwelt als sehr »fremd« erscheinen. Projektion: Die Weigerung, seine Umwelt richtig wahrzunehmen, kann durch ein falsches Hinschauen (Projektion) geschehen. Wer das tut, wird schnell behaupten, das seine Umwelt ihn »anlügt«, da sich immer herausstellt, dass die Dinge nicht ganz so sind, wie angenommen wurde.

4. Störung im aggressiven Kontakt. Deflektion: Wer schließlich dem aggressiven Kontakt aus dem Weg geht, indem er sich zurückzieht, kehrt der Umwelt den Rücken zu und sagt: »Ich will damit nichts zu tun haben.« Die Mitmenschen werden dies übrigens als aggressiven Akt werten und sich aktiv zurückgestoßen fühlen. Die Worte, mit denen ein solches Verhalten gekennzeichnet wird, sind »Arroganz« und »Überheblichkeit«.

Retroflektion: Wer an die Stelle des aggressiven Kontaktes die Retroflektion setzt, also sich bestraft, wird das Selbstbild entwickeln, »böse« zu sein. Dies gilt übrigens auch für Menschen, die sich destruktiv nach außen wenden: Diese Destruktivität ist eine indirekte Selbstbestrafung vermittels der Umweltreaktion.

Konfluenz: Wer an die Stelle des aggressiven Kontaktes die Konfluenz setzt, also mit der Umwelt »verschmelzen« will, wird das Selbstbild entwickeln, in übersteigertem Maße »lieb« zu sein. Auch das kann zu Destruktivität führen: Denn derjenige, der sich als besonders »lieb« (hilfsbereit, zuvorkommend, bescheiden usw.) ansieht, reagiert auf Kritik, Angriff oder Ablehnung mitunter übertrieben heftig.

5. Störung der Assimilation oder Integration. Introjektion: Das nicht Integrierte oder Assimilierte, das man aufnimmt,

nährt schlecht, befriedigt gleichsam nur »halb«. Die Folge davon ist entweder, dass man gierig mehr haben will, weil man annimmt, dann das Gefühl des Genährtseins zu bekommen, oder dass man sich voll Ekel abwendet, weil einem von der Aufnahme schlecht geworden ist (man hat etwas aufgenommen, ohne es auf seine »Bekömmlichkeit« geprüft zu haben).

6. Störung im Nachkontakt. Retroflektion: Weil man meint, die Befriedigung sei schlecht, verbietet man sich, dass das, was man aufgenommen hat, auch das Gefühl der Befriedigung auslöst: Das ist dann die »verdiente« Strafe.

Das Selbst im Feld

Bei der Beschreibung der gestalttherapeutischen Vorstellung des Lebensprozesses in der Spannung von Kontakt und Aggression sind zwei zentrale Begriffe immer wieder notwendig geworden – der Begriff »Selbst« (als die Bezeichnung des handelnden Menschen) und der Begriff »Organismus/Umwelt-Feld« (als die Bezeichnung des Raumes, in welchem gehandelt wird). Diese beiden Begriffe bestimmen wesentlich das Verständnis der Gestalttherapie und sollen darum hier kurz umrissen werden.

Organismus/Umwelt-Feld

Der Gestalt-Begriff ist in der Wissenschaftstheorie mit dem Feld-Begriff sehr nahe verwandt: Phänomene stehen nicht isoliert da, sondern sie bilden nur dann eine sinnvolle Gestalt, wenn man sie in ihrem Umfeld begreift. Wenn der Mensch zum Beispiel ein atmendes Lebewesen ist, ist es ziemlich müßig, den Menschen ohne die ihn umgebende Luft zu betrachten. Das wird der »holistische« oder »ganzheitliche« Ansatz genannt. Wichtig für den Feld-Begriff ist, dass alle Teile des Feldes in einer Wechselwirkung stehen, in welcher jedes Teil seine eigene Wichtigkeit entwickelt. Kein Teil ist vollständig dem anderen unterworfen oder kann vollständig aus einem anderen Teil abgeleitet (»deduziert«) werden. In der Wechselwirkung bewahrt jedes Teil seine Eigenständigkeit (»Autonomie«) gerade aufgrund einer gegenseitigen Abhängigkeit.

Zunächst teilt der Begriff Organismus/Umwelt-Feld die Wirklichkeit in Bekanntes oder Wahrgenommenes und Unbekanntes. Die Grenze zwischen Bekanntem und Unbekanntem ist fließend: Neues, Unbekanntes wird wahrgenommen, oder aus dem Unbekannten dringen Ereignisse in den Bereich des Wahrgenommenen ein. Innerhalb des Wahrgenommenen befindet sich der Organismus, der durch seine Haut – und mit seiner Haut – eine Kontaktgrenze zur Umwelt bildet.

Allerdings ist der Organismus, wie gesagt, nicht zu definieren ohne seine Umwelt. Die Haut ist durchlässig. Ständig findet ein Austausch zwischen Organismus und Umwelt statt: Luft wird ein- und ausgeatmet, Nahrung wird aufgenommen, Teile von ihr werden verarbeitet, andere wieder ausgeschieden.

Die Kontaktgrenze des Menschen ist der Organismus-Haut noch vorgelagert:

1. Durch Veränderungen der Umwelt macht der Mensch sich Teile von dieser »zu eigen« (Integration).
2. Sozialkontakte und Erinnerungen bilden eine immaterielle Schicht um den Organismus.
3. Und schließlich kann der Mensch sich selbst als Organismus-in-der-Umwelt wahrnehmen.

Auch diese Kontaktgrenze muss als fließend angesehen werden, weil sie immer nur eine Momentaufnahme vom Prozess des ständigen Wandels darstellt. An dieser Grenze findet ein Austausch (»Interaktion«) statt, in den die Bedürfnisse von innerhalb der Organismus-Haut und die bewusst verarbeiteten Impulse eingehen.

Der Zusammenhang von Organismus-Haut einschließlich der darin enthaltenen Bedürfnisse und Emotionen und dem bewussten Wahrnehmen und Verarbeiten ist der gestalttherapeutische Begriff des »Selbst«.

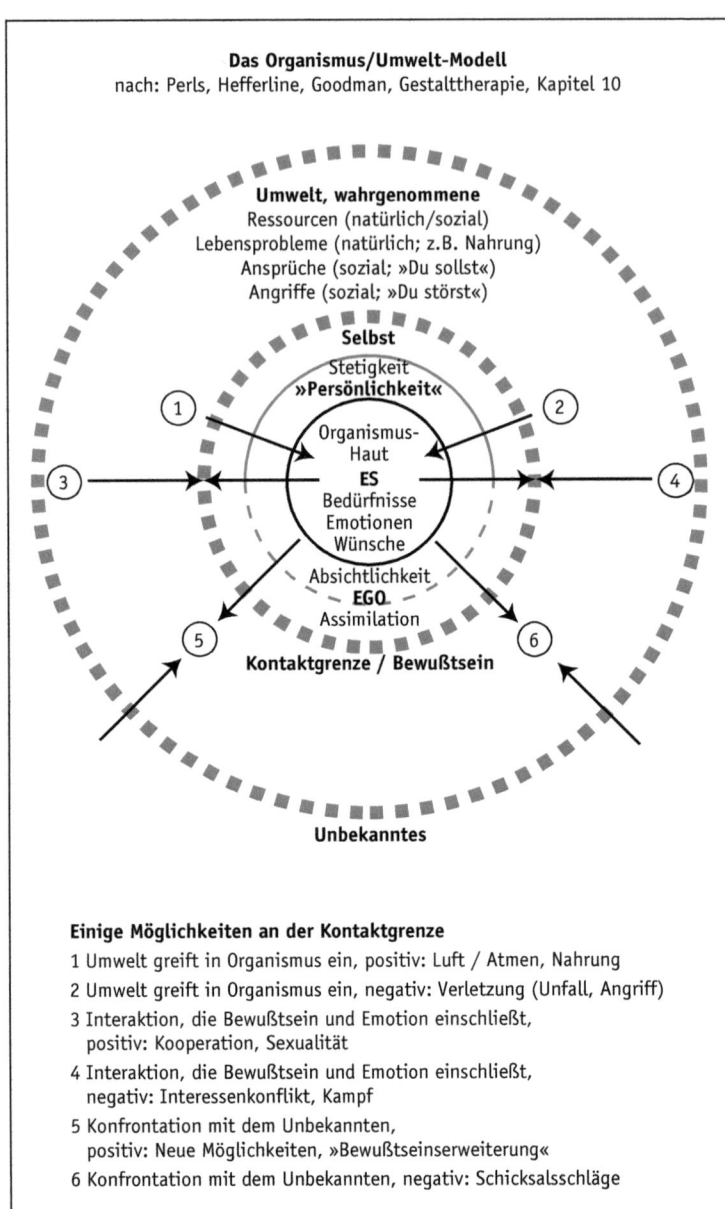

Das Organismus/Umwelt-Modell
nach: Perls, Hefferline, Goodman, Gestalttherapie, Kapitel 10

Umwelt, wahrgenommene
Ressourcen (natürlich/sozial)
Lebensprobleme (natürlich; z.B. Nahrung)
Ansprüche (sozial;»Du sollst«)
Angriffe (sozial;»Du störst«)

Selbst
Stetigkeit
»Persönlichkeit«

Organismus-
Haut
ES
Bedürfnisse
Emotionen
Wünsche

Absichtlichkeit
EGO
Assimilation

Kontaktgrenze / Bewußtsein

1   2   3   4   5   6

Unbekanntes

Einige Möglichkeiten an der Kontaktgrenze
1 Umwelt greift in Organismus ein, positiv: Luft / Atmen, Nahrung
2 Umwelt greift in Organismus ein, negativ: Verletzung (Unfall, Angriff)
3 Interaktion, die Bewußtsein und Emotion einschließt,
  positiv: Kooperation, Sexualität
4 Interaktion, die Bewußtsein und Emotion einschließt,
  negativ: Interessenkonflikt, Kampf
5 Konfrontation mit dem Unbekannten,
  positiv: Neue Möglichkeiten,»Bewußtseinserweiterung«
6 Konfrontation mit dem Unbekannten, negativ: Schicksalsschläge

Aus: Stefan Blankertz, *Gestalt begreifen*, gikPRESS

Selbst

Der Begriff »Selbst« hat in der Gestalttherapie eine etwas andere Bedeutung als der Begriff »Ich« in der Philosophie und der Begriff »Ego« in der Psychoanalyse, obwohl diese beiden Begriffe auch im »Selbst« enthalten sind.

Unter »Selbst« versteht die Gestalttherapie das Bewusstsein von dem Kontakt zwischen einem Organismus und dessen Umwelt. Dieses Bewusstsein wird immer dann »aktiviert«, wenn der Kontakt schwierig ist.

Dieser Gedanke ist so zu verstehen: Solange der Austausch oder Kontakt zwischen Umwelt und Organismus unproblematisch bleibt, bedarf der Organismus nicht eines Bewusstseins davon. Solange jemand beispielsweise richtig atmet und gute Luft zur Verfügung hat, wird er kaum darüber nachdenken. Dies ist auch nicht nötig. Erst wenn eine Verspannung das Atmen behindert oder wenn gute Luft nicht »zur Hand« ist, muss darüber nachgedacht werden – das ist dann überlebenswichtig.

Die Definition des Selbst als Problembewusstsein von schwierigen Kontaktsituationen birgt zwei wichtige Erkenntnisse:

1. Es gibt kein starre s»Ich«, das von der aktuellen Situation unabhängig wäre, und
2. man kann sein »wahres Ich« nicht dadurch finden, indem man sich auf sich zurückzieht und von dem »Feld« absieht. Das »wahre Selbst« existiert bloß *im* und entsteht *durch* den Kontakt.

Das »Selbst« geht, wie gesagt, weder im philosophischen »Ich« noch im psychoanalytischen »Ego« auf. Freuds »Ego« entspricht nur dem Teil des »Selbst«, in welchem Absichtlichkeit vorherrscht. Dagegen sieht die Gestalttherapie im »Selbst« auch Spontaneität: Bewusstsein und Denken können – wie Immanuel Kant sagt – »absolut spontan« sein. Von der Absichtlichkeit des »Ego« unterschieden werden kann noch eine »Persönlichkeit«, unter der habituelle Elemente des »Selbst« zusammengefasst werden. Der von Wilhelm Reich analysierte

»Charakterpanzer« wäre in der »Persönlichkeit« zu verorten. Kennzeichen des »Selbst« ist, dass es an der Kontaktgrenze Anpassung vornimmt: Es passt die Umwelt an die Bedürfnisse des Organismus an, wo das möglich ist; und es passt den Organismus und sich selbst an die Umwelt an, wo das nötig ist. Diese Tätigkeit der kreativen Anpassung ist ein Prozess der Identitätsbildung. Gerade durch die aktive (oder kreative) Anpassung behauptet das Selbst seine Differenz zur Umwelt und schafft eine kontinuierliche Einheit, auf die es sich als »Ich« bezieht.

Der Vorstellung der Gestalttherapie liegt Kants philosophische Definition zugrunde, das Ich sei die synthetische (= künstliche) Einheit der Apperzeption (= Wahrnehmung) – d. h. das Ich (oder eben »Selbst«) bildet aus seinen Wahrnehmungen (und Handlungen) eine neue Einheit, die nicht außerhalb von ihm existiert.

Der Verweis auf Kant ist auch darum so wichtig, um ein Missverständnis auszuschließen – in Umkehrung der problematischen Auffassung von einem starren Ich klingt es bisweilen bei Gestalttherapeuten so, als gäbe es überhaupt keine Einheit oder Kontinuität des Selbst, weil es sich ja nur in der aktuellen Problemsituation an der Kontaktgrenze zeige. Eine solche »Dekonstruktion des Subjektbegriffs« geht u. E. zu weit in die andere Richtung. *Vielmehr aktualisiert sich im Problem an der Kontaktgrenze jeweils das mit sich identische Selbst.* Oder sollte Schizophrenie die Normalform unserer Existenz sein?

Gestalttherapie und Psychoanalyse

Trotz aller Kritik der Gestalttherapeuten an der Psychoanalyse ist Sigmund Freud für sie immer der »Held« geblieben, der durch seine neuen Einsichten einen anderen, freizügigeren und besseren Umgang mit der Sexualität (und allen anderen körperlichen Bedürfnissen) erkämpft hat.

Die Psychoanalyse ist das von Sigmund Freud als erste Psychotherapie begründete Verfahren, das mit der Analyse psychischer

Gegebenheiten (z. B. Träume, Kindheitserinnerungen, Fehlleistungen etc.) die durch die gesellschaftliche Disziplin unterdrückten Wünsche (Es) ausfindig macht: Die unterdrückten, meist sexuellen Wünsche seien, so Freuds damals absolut revolutionäre These, der Grund für psychische und körperliche Erkrankungen. Die nicht nur für die Gestalttherapie, sondern für praktisch alle psychotherapeutischen Verfahren grundlegenden Begriffe von Sigmund Freud sind:

Ego (Ich): Als »Ich« bezeichnete Freud die bewussten Anteile der menschlichen Psyche. In der Gestalttherapie wird meist eher vom »Selbst« gesprochen, wie wir es oben beschrieben haben. In der Transaktionsanalyse wird es »Erwachsenen-Ich« genannt.

Es: Als »Es« bezeichnete Freund die nicht-bewussten Anteile des Menschen. In der Gestalttherapie wird meist einfach von »verdrängten (oder unterdrückten) Bedürfnissen« gesprochen. Die Transaktionsanalyse nennt diesen Bereich »Kindheits-Ich«.

Über-Ich: Mit dem Begriff »Über-Ich« benannte Freud den Anteil des Menschen, welcher Werthaltungen beinhaltet, die dem Einzelnen von gesellschaftlichen Instanzen oder Autoritätspersonen aufgenötigt oder antrainiert wurden. Die Gestalttherapie spricht lieber von Introjekten, die Transaktionsanalyse von »Eltern-Ich«.

Sublimation: Dieser Begriff besagt bei Freud, dass Frustration von »libidinösen« (sexuellen) Wünschen Energien aufstaue und für »andere« Tätigkeiten zur Verfügung stelle. Solche »anderen Tätigkeiten« können in der Schaffung von Kunstwerken bestehen ebenso wie im Kriegführen. Die Gestalttherapie spricht hierbei eher von Selbstkolonisation, obwohl damit nur der negative Aspekt der Sublimation getroffen wird. Zum Begriff der Sublimation gehört auch der der »Entsublimierung«. Damit bezeichnete Freud den Vorgang, in dem die durch Sublimation aufgestaute Energie abgeführt wird. In der Gestalttherapie wird in Anlehnung an Wilhelm Reich eher von »unreflektiertem Ausagieren« gesprochen.

Eine für die Gestalttherapie interessante Variante der Entsublimation ist der von dem deutsch-amerikanischen kritischen Soziologen Herbert Marcuse geprägte Begriff der »repressiven Entsublimierung«. Marcuse meint mit dem Begriff, dass die Entladung der durch die Sublimation aufgestauten Energie nicht befreiend wirke, sondern sozialtechnisch gesteuert sei. Beispiel: Der durch Schuldisziplin aufgestaute Bewegungsdrang der Kinder wird in paramilitärischen Sportübungen »entsublimiert«.

Thanatos: Neben dem Lebenstrieb (»Libido«, Liebe, Sexualität) nahm Freud einen entgegenstehenden Todestrieb an, den ein Schüler von ihm *Thanatos* nannte. Die Existenz des Todestriebs leitete Freud aus dem *primären Masochismus* ab: Er hatte nämlich beobachtet, dass trotz der angeblich befreienden Psychoanalyse bestimmte selbstzerstörerische Bestandteile in einem Menschen nicht reduziert werden können. Mit Hilfe des Todestriebs erklärte Freud die Kriegsneigung der Menschen. Die Gestalttherapie lehnt das Konzept des Todestriebs ab und erklärt den primären Masochismus (nach einer Idee von Wilhelm Reich) zum Ausdruck des Wunsches nach politischer Veränderung.

Die These der Unreduzierbarkeit des primären Masochismus, aus der Freud den Thanatos ableitete, versteht die Gestalttherapie nämlich als Folge der psychoanalytischen Methode, namentlich der freien Assoziation: Die freie Assoziation wird als »Befreiung ohne Integration (oder besser: Assimilation)« gesehen (das stimmt in etwa mit dem zitierten Begriff »repressive Entsublimierung« von Marcuse überein). Denn das Tun des frei assoziierenden Klienten besteht in der Hervorbringung eines Stroms sinnloser Worte, in die der Therapeut einen Zusammenhang hineininterpretiert.

Dieser erklärt nun jenem, was er über ihn weiß – selbst wenn der Klient die Erklärung des Therapeuten annimmt, wenn ihm »ein Licht aufgeht«, hat das neue Wissen keine Gründung in seinem Tun, also keine Gründung in seinem Erleben (d. h. es wird nicht integriert oder assimiliert).

Die Regel gegen die Zensur enthebt den Klienten überdies der Verantwortung für seine Worte, eine Verantwortung, die er ohnehin nicht übernimmt. Die Methode der freien Assoziation wiederholt endlos die verantwortungslose und entscheidungslose Haltung des Klienten, die das Problem ist. Befreit wird das Problematische, das Problem wird wiederholt. Derart strebt der Klient nach Wiederholung der Intervention, die ihm Erleichterung verschafft, ohne ihn zu gefährlicher Veränderung seiner selbst zu nötigen.

Neben dem genannten therapeutischen Einwand gegen Freuds Thanatos-Theorie gibt es auch noch Kritik an deren biologischer Dimension. Der Wunsch nach Harmonie-Tod stellte für Freud einen Sonderfall der naturwissenschaftlichen Vorstellung dar, Energie verteile sich gleichmäßig im Raum (»Entropie«). Der Todestrieb in jedem Organismus strebe danach, auf eine Stufe niederer Ordnung zurückzukehren, d. h. letztlich auf den unbelebten Zustand: Das nannte er das »Nirwana-Prinzip«. Der Gestaltansatz hält nichts davon, Organismen überhaupt aus ihrer Evolutionsgeschichte heraus zu begreifen: Ein Wirbeltier trägt keinen Ringelwurm in sich. Jenes kann nicht auf die Stufe dieses zurück und »denke« auch gar nicht daran. Das Problem jetzt für den Organismus ist es, das Organismus/Umwelt-Feld und die Wandlungen in diesem Feld durch Anpassung und Veränderung für sich lebensfähig zu ordnen. Er stirbt, wenn er das Feld nicht mehr in einer für sich lebensfähigen Weise organisieren kann, wenn er nicht mehr wachsen, lieben und Aggression üben kann.

Widerstand: In der Psychotherapie bezeichnet »Widerstand«

die Weigerung, in den therapeutischen Prozess einzusteigen. Die psychoanalytische Frage lautet, wie der Therapeut den Widerstand des Klienten brechen kann; die gestalttherapeutische Frage lautet, ob (bzw. wann und unter welchen Bedingungen) der Therapeut den Widerstand des Klienten überhaupt auflösen darf.

Unbehagen in der Kultur: Das ist der Titel der umstrittensten Schrift von Freud: Die Kultur sei auf Sublimation angewiesen und fordere darum das Unbehagen der Menschen notwendig heraus. Die konservative Auslegung dieses Gedankens lautete, er rechtfertige die Triebunterdrückung. Die revolutionäre Auslegung von Wilhelm Reich (der sich auch die Gestalttherapeuten angeschlossen haben) lautete, das »Unbehagen in der Kultur« sei ein Argument gegen die herrschende Kultur.

Die gestalttherapeutische Freud-Kritik

Die hauptsächliche Kritik der Gestalttherapie richtete sich gegen Freuds Auffassung eines »Ego«, das aufgrund von sozialer Unterdrückung (»Repression«) zustande gekommen sei. Dies ist die Auffassung eines »Ego«, dem keine eigene positive schöpferische Funktion zugeschrieben werde. Gleichwohl ist nach Freud die Unterdrückung notwendig, um die zerstörerischen Triebe, das Es, im Zaum zu halten. Für die Psychotherapie bedeutet Freuds Auffassung: Es werden individuelle Fehlanpassungen korrigiert, und zwar indem die Geschichte des »Ego«, d.h. die »Repressionsgeschichte«, nachverfolgt wird. Durch die »Aufarbeitung« dieser Geschichte (»Psycho-Analyse«) gelange man an den Punkt, an welchem sich die krankmachende Wirkung die Unterdrückung zeige.

Die Gestalttherapie setzt gegen Freuds Auffassung die Konzeption eines schöpferischen Ich (oder »Ego«) – dann meist »Selbst« genannt –, das im Anpassungsprozess eine aktive Rolle spielt. Die Unterdrückung verstellt der schöpferischen

Tätigkeit des Selbst die Möglichkeit, gesunde Ergebnisse hervorzubringen. Die Unterdrückung zerstört dabei nicht das schöpferische Potential des Selbst. Nicht die »Geschichte der Repression« ist von Bedeutung, sondern die Aktualität der Unterdrückung. Psychotherapie muss in dieser Konzeption

1. erstens die Gegenwärtigkeit, nicht die Biographie des Selbst in den Blick nehmen (bzw. die Biographie nur insoweit behandeln, als sie aktuelle Bedeutung hat, z. B. wenn schlimme Erinnerungen gegenwärtige Gefühle auslösen) und

2. zweitens vor allem gesellschaftliche Veränderungen anstreben, nämlich Unterdrückung abbauen (bzw. den Klienten anregen, seine Lebenssituation zu verbessern).

Es gibt auch Psychoanalytiker, die Freud in einem Punkt korrigieren, ohne damit den grundlegenden Fehler in seiner Konzeption zu überwinden. Diese revisionistischen Freudianer sehen das Es oder Unbewusste als das Ergebnis sozialer Unterdrückung an. Die Unterdrückung, durch die das Es »geschaffen« wird, besteht dieser Auffassung zufolge in einer irrationalen gesellschaftlichen Ordnung (z. B. Faschismus). Die rationale Einrichtung der sozialen Verhältnisse (damit meinen sie die Demokratie) könnte dann gleichsam ein »Ego ohne Unbewusstes«, also ohne Es hervorbringen.

Diese rationalistische Freud-Version übersieht nach der gestalttherapeutischen Auffassung folgendes: Das Ego bedarf für seine verantwortliche und schöpferische Tätigkeit eines Inhalts. Das Ego bringt diesen Inhalt nicht aus sich selbst hervor. Der Inhalt stammt vielmehr aus dem Unbewussten, dem Es. Das Es kann nicht – (wie diese Freudianer zu fordern scheinen) – beseitigt werden. Die Unterbrechung der Kommunikation zwischen Ego und Es ist die Technik neuzeitlicher Unterdrückung schlechthin. Die Folge davon ist ein leeres Ego und ein unbefriedigtes Es: Das ist eine gefährliche Konstellation, aus der heraus die Gestalttherapie den modernen Massenvernichtungskrieg erklärt.

Wilhelm Reich

Der deutsch-amerikanische Psychoanalytiker hielt an der ursprünglichen These Freuds fest, Sexualität sei Dreh- und Angelpunkt psychischer (und gesellschaftlicher) Probleme. Darum engagierte sich Reich stark politisch im Kampf gegen Sexualfeindlichkeit (»Sexpol«-Bewegung); besonders seine Bücher »Funktion des Orgasmus« und »Massenpsychologie des Faschismus« gehören zur unmittelbaren Vorgeschichte der Gestalttherapie.

Trotz der großen Bedeutung der Arbeiten von Wilhelm Reich für die Gestalttherapie gibt es auch eine sehr weitgehende kritische Auseinandersetzung. Reich strebte, wie auch die Gestalttherapeuten, einen Abbau sozialer Unterdrückung als wesentliche Aufgabe der Psychotherapie an. Doch Reichs Auffassung ist begründet in einer simplen Umkehrung von Freud: Das Es ist nicht zerstörerisch, sondern stets »gut«. Die Triebe, die das Es ausmachen, stehen Reich zufolge in einem Verhältnis natürlich »prästabilierter« Harmonie zueinander. Die Harmonie werde nur gestört durch die soziale Unterdrückung, die das Ego schaffe, wie Reich, in diesem Punkt ganz Freud folgend, meinte. Gegen diese durch Reich vorgelegte harmonistische Version von Freud wendet die Gestalttherapie ein, dass wir von einer automatischen, also »prästabilierten« Harmonie der Es-Triebe jedenfalls nichts wissen. Die Gestalttherapie weist auf die notwendig aktive Rolle des Ego (= Selbst) hin, nämlich mit moralisch-verantwortlichem Verhalten die Triebe untereinander in ein lebensfähiges Gleichgewicht zu bringen und zu einer sozialen Verträglichkeit zu finden. Abbau von Unterdrückung bedeutete für die Gestalttherapie gerade kein Ende von inneren und sozialen Konflikten; vielmehr ermöglicht der Abbau von Unterdrückung, die Konflikte vernünftig, moralisch, verantwortlich und schöpferisch auszutragen.

Die politische Dimension der Gestalttherapie

Die gestalttherapeutische These, Neurosen (oder generell: psychische »Störungen«, »Probleme« und »Krankheiten«) seien die gesunde Reaktion auf eine kranke Umwelt, ist eine Provokation für die bestehende Gesellschaft. Obwohl der Gestalttherapeut dem einzelnen Menschen zu helfen versucht, soweit das geht, sieht er ein, dass die eigentliche Heilung nur eine »Therapie der Gesellschaft« (Blankertz) bringen würde; das heißt: Es geht wie in der Therapie mit einzelnen Klienten oder Gruppen nicht darum, fertige »Lösungen« als Ausweg aus politisch-gesellschaftlichen Missständen anzupreisen, sondern ein Feld zu schaffen, in welchem die Menschen die Probleme durch eigenes, selbstbestimmtes Handeln in ihrem Sinne (selbst!) beseitigen können.

Aus der gestalttherapeutischen Vorstellung vom Lebensprozess folgen einige Bedingungen, die in einer Gesellschaft erfüllen sein müssten, wenn diese als nicht krankmachend eingestuft werden sollte:

1. Die Gesellschaft muss für die Initiative der einzelnen Menschen offen sein: Der einzelne Mensch muss Einfluss nehmen und seine Umwelt mitgestalten können. Die Gesellschaft muss Raum enthalten für die Konflikte (Aggressionen) der Menschen untereinander, in denen sie ihre Wünsche, Bedürfnisse, Ideen und Vorstellungen klären. Der einzelne Mensch sollte durch seine eigene Aktivität die Umwelt so gestalten können, dass sie dann zu ihm passt.

2. Die Gesellschaft darf also nicht mit starren Regeln überfrachtet sein. Die Macht, mit der sie ihre Regeln durchsetzt, darf nicht übermächtig sein (repressive Gesellschaft). Die Gesellschaft darf andererseits auch nicht den einzelnen Menschen behüten und daran hindern, Erfahrungen zu machen (bevormundende Gesellschaft) oder den einzelnen Menschen rundum versorgen, ohne dass er sich dafür anstrengen müsste (übertrieben fürsorgliche Gesellschaft).

Die politische Lehre, die gut zu diesen Bedingungen passt, ist der Anarchismus, also die Lehre von der herrschaftslosen Gesellschaft. Der Anarchismus bekämpft den Staat als Institution, die der Gesellschaft die Flexibilität nimmt, sich nach den Bedürfnissen der Menschen zu formen. Gleichwohl lehnt er nicht jede Form von Macht und Konflikt ab.

Durch die kollektive Zusammenballung der Macht im Staat, die sich im »Gewaltmonopol« ausdrückt, stattet der Staat alle seine Institutionen mit einer Überlegenheit aus, gegen die der einzelne Mensch hilflos ist. In der Hinsicht, wie der Staat dem einzelnen Menschen gegenübertritt, unterscheiden sich Demokratie und Diktatur nicht voneinander. Denn wenn der einzelne Mensch einer Regel unterworfen wird, die ihm nicht passt, ist es für die krankmachende Wirkung einerlei, ob diese Regel von einem Diktator oder von der demokratischen Mehrheit erlassen wurde.

1. Der Staat erzwingt den Beitrag für die Gemeinschaft, genannt »Steuern«, ohne Rücksicht darauf, ob der Steuerzahler mit der Gemeinschaft und der Verwendung seiner Mittel einverstanden ist. Mit diesen Steuern kann er dann seine Institutionen (Polizei, Armee, Justiz, Gefängnisse, Schulen und Universitäten, Aufsichtsbehörden, Beratungsstellen, Stadtwerke etc.) finanzieren, die nicht mehr auf die Zustimmung der einzelnen Menschen angewiesen sind.

2. Der Staat schafft einen gesetzlichen Rahmen für die Sicherheit und die soziale Absicherung, der unabhängig von der Akzeptanz der diesem Rahmen unterworfenen Menschen mit dem Gewaltmonopol durchgesetzt wird. In einigen Fällen sind diese Regeln offen repressiv (Drogenverbote, Pflichtversicherungen, Scheidungsrecht, Ladenschlussgesetz, Bauaufsicht etc.), in vielen Fällen werden sie jedoch von den Menschen durchaus als »Hilfe« (Schutz vor Kriminalität, Arbeits- und Mieterschutz, Kündigungsschutz, Sozialhilfe etc.) angesehen – aber es ist die Hilfe, die der pa-

triarchalen Fürsorge entspricht, nicht die Hilfe, die sich freie und selbstverantwortliche Menschen gegenseitig gewähren.

3. Der Staat zwingt die einzelnen Menschen, bestimmte Leistungen, die er anbietet, abzunehmen, dazu gehören beispielsweise Bildung (durch Schulpflicht), Kranken- und Sozialversicherungen (durch Pflichtversicherung) sowie Psychotherapie (durch Zwangseinweisungen).

Aus der gestalttherapeutischen Kritik an der bestehenden Gesellschaft folgt, dass gegen diesen Staat nicht eine konkret ausgestaltete Utopie (also eine »Lösung«) gesetzt werden darf, wie es »besser« zu machen wäre – gerade die gewaltsame Festlegung der Gesellschaft auf eine Struktur ist ja das, was kritisiert wird. Vielmehr solle die Gesellschaft für die kreativen Lösungen der Menschen plastisch werden. Dies ist eben auch genau das Zentrum der anarchistischen Utopie.

Auf der politischen Ebene ist der Anarchismus der Gestalttherapie eng verbunden mit der Konzeption des klassischen Liberalismus. Goodman zitiert gern die Bemerkung von Thomas Jefferson, eine gesunde Gesellschaft benötige alle 20 Jahre eine Revolution. Der gegenwärtige Liberalismus hat sich jedoch durch zu viele Kompromisse mit dem Staat unglaubwürdig gemacht.

Aber auch der Konservativismus hat eine große Bedeutung für die gestalttherapeutische Ausprägung des Anarchismus: Dinge, die gut sind, sollten nicht einfach verändert werden. Die Menschen sollen nicht zentral geplanten Veränderungen unterworfen werden, auch wenn die Planer meinen, dass dies für die Menschen »besser« sei. Dagegen bewahrt der gegenwärtige politische Konservativismus das Falsche: Er konzentriert sich darauf, den Staat zu erhalten anstelle der offenen Gesellschaft.[1]

---

1 Mehr zum modernen, u. a. an Paul Goodman orientierten Anarchismus bei: Stefan Blankertz, *Das libertäre Manifest* (2001), Berlin 2015: edition g. 104.)

KLIENT EINES
GESTALTTHERAPEUTEN WERDEN

Wenn Ihnen das gefallen hat, was Sie nun über die Gestalttherapie gelesen haben, werden Sie sich vielleicht fragen: »Wann ist es denn für mich sinnvoll, mich an einen Gestalttherapeuten zu wenden. Und wie finde ich ihn?«

Gestalttherapie: Wann?

Wenn Sie einige der folgenden Fragen mit »Ja« beantworten, dann könnte es sich für Sie vielleicht als vorteilhaft erweisen, eine gestalttherapeutische Einzel- (bzw. Paar-)Therapie oder eine gestalttherapeutische Gruppe zu besuchen.

- Ich wache morgens oft auf und frage mich: »Was soll der ganze Kram? Wofür das alles, was jetzt auf mich wartet?«
- Ich gehe zu Bett und sage mir oft: »So ein Scheiß! Das soll Leben sein?«
- Ich habe oft das Gefühl, dass mir nichts mehr Freude macht. Das Essen schmeckt mir nicht mehr. Der Wein mundet mir nicht mehr. Die Zigarette kratzt nur noch. Sex ist öde. Die Arbeit ist eine Plackerei. Im Kino schlafe ich ein. Mein Hobby vernachlässige ich. Zum Reisen habe ich keine Lust mehr.
- Die Mitmenschen scheinen mich nicht zu verstehen. Immer kommt es zu bösen Missverständnissen. Ich meine, freundlich zu sein, aber man lehnt mich ab. Ich sage etwas und man reagiert beleidigt oder aggressiv. Niemand scheint mich zu mögen oder etwas für mich tun zu wollen.
- Ich mache etwas, aber nie führt das zum Erfolg. Ich lerne einen neuen Partner kennen, aber wieder stellt sich heraus, dass es nicht klappt.

- Alles um mich herum regt mich auf. Am liebsten würde ich alles kurz und klein hauen (oder sogar: ich tue das auch!). Ich habe das Bedürfnis, meine Mitmenschen, besonders diejenigen, die mir nahe stehen, zu strafen und zu schädigen; nur mühsam gelingt es mir, diesen Impuls zu unterdrücken.
- Ich lehne mich ab. Ich habe den Eindruck, mir selbst im Wege zu stehen. So sehr ich mich anstrenge, etwas zu ändern, immer laufe ich vor eine Wand. Ich wäre lieber anders.
- Ich weiß nicht mehr, was mir guttut. Wie kann ich herausfinden, was das Richtige für mich ist?
- Ich spüre mich nicht mehr. Wenn ich mich überhaupt fühle, fühle ich mich nur krank. Die Ärzte sagen, mir fehle organisch nichts.
- In meiner Paarbeziehung geht seit geraumer Zeit nichts mehr zusammen. Ich erlebe das Trennende deutlicher als das Verbindende.

Vieles von dem, was wir hier aufgezählt haben, scheint ziemlich »normal« zu sein. Aber ist »normal« auch gut? Für alle, die wachsen, die sich entfalten und die mehr aus ihrem Leben machen möchten, aber allein (oder mit Hilfe von Freunden) nicht weiterkommen, kann eine Gestalttherapie nützlich sein.

Einen Gestalttherapeuten finden

Die Gesetze und Standesregeln verbieten Psychotherapeuten ebenso wie Ärzten, für sich zu werben. Darum ist es gar nicht so leicht für einen Klienten, zu einem Therapeuten zu finden, der zu einem passt. Es ist sogar ziemlich schwierig, überhaupt herauszufinden, welcher der zahlreichen therapeutischen Richtungen ein Therapeut angehört.

Erhard Doubrawa bietet einen neuartigen Dienst an: Der »Therapeutenadressen-Service« ist Interessenten behilflich, eine Gestalttherapeutin oder einen Gestalttherapeuten in ihrer Nähe ausfindig zu machen. Infos siehe letzte Buchseite.

GESTALTTHERAPEUT WERDEN

Vielleicht hat Sie das, was Sie gelesen haben, so sehr begeistert, dass Sie selbst Gestalttherapeut werden möchten oder zur Erweiterung des Horizontes in Ihrem gegenwärtigen Beruf eine gestalttherapeutische Zusatzausbildung wünschen. Wenn Sie Gestalttherapeut werden wollen, was müssen Sie mitbringen, was erwartet Sie?

Grundsätzlich braucht jemand, der Gestalttherapeut werden will, ein großes Interesse am anderen Menschen und am Kontakt mit ihm. Dazu gehört die Bereitschaft, sich als Mensch vom anderen berühren zu lassen – von seiner Freude, und von seinem Leid, von seinem Glück und von seinem Unglück...

Das ist mehr als einfach nur Interesse an den Fakten im Leben des anderen. Es schließt die Bereitschaft ein, Empfindungen und Gefühle gegenüber dem anderen zuzulassen.

Wie muss man sich das vorstellen? Na, ein Gestalttherapeut spürt ständig in sich hinein, spürt nach, was er empfindet, wie es ihm geht, körperlich, seelisch, etc. Was seine inneren Antworten auf sein Gegenüber sind. Daraus erwachsen seine gestalttherapeutischen Interventionen. Mit denen will er ja den Klienten unterstützen, mehr über sich herauszufinden, damit er seine Bedürfnisse besser kennen lernt und handlungsfähiger wird.

So muss der Gestalttherapeut zuerst lernen, sich selbst besser wahrzunehmen. Und dann unterrichtet er den Klienten darin, sich seinerseits selbst besser wahrzunehmen. Das macht er nicht nur durch Fragen, die die Aufmerksamkeit des Klienten vergrößern sollen. Das macht er vor allem dadurch, indem er seine Beobachtungen genauso wie sein inneres Erleben dem Klienten zur Verfügung stellt.

Manchmal sagen wir scherzhaft, dass der Gestalttherapeut über die seelische Störung des »Helfersyndroms« (nach Schmidbauer) verfügen muss. Über diese besondere Störung, mit der man Bereicherung erfährt, indem man anderen Menschen hilft, mit ihnen spricht, mit ihnen »arbeitet«.

In der Tat kann unsere Gesellschaft sich glücklich schätzen, dass es Menschen mit dieser »Störung« gibt – denn wer sonst würde überhaupt andere Menschen pflegen, sie ärztlich behandeln, sie seelsorgerisch betreuen etc.?

Was erwartet Sie in einer gestalttherapeutischen Ausbildung? Zuerst einmal wird etwas von Ihnen erwartet. Nämlich Geduld. Denn Gestalttherapie lernt man nicht, indem man Methoden vorgestellt bekommt und diese dann anwendet.

Gestalttherapie – das ist, wie gesagt, keine »Methode«, das ist ein »Ansatz«. Das Zentrale an Gestalttherapie ist nicht das methodische Instrumentarium, sondern eine bestimmte »Haltung«:

- Demut
- Wohlwollen
- Bereitschaft, sich seelisch berühren zu lassen
- Wahrnehmung, »Gewahrsein«
- Interesse, Neugier, Forschergeist

Eine gestalttherapeutische Ausbildung am Gestalt-Institut Köln dauert 5 Jahre. Und die erste Hälfte der Ausbildung – der »Basisbaustein« – ist in überwiegendem Maße (80 %) Arbeit an der eigenen Person. Die Ausbildung findet sowohl in der Ausbildungsgruppe als auch in einer begleitenden Lehranalyse statt. In der ganzen Ausbildung geht es um den Erwerb der gestalttherapeutischen Haltung: Zuerst einmal sich selbst gegenüber, und dann – mit fortlaufender Ausbildung – dem anderen, dem »Peer« (dem Mitlernenden), schließlich dem Klienten gegenüber.

Die restlichen 20 % des Basisbausteins sind vor allem das Kennenlernen der philosophisch-politischen Grundlagen (Theorie) der Gestalttherapie. Auch hier wieder: Es geht nicht um eine Methode, sondern um einen Ansatz – einen philosophischen, einen politischen und ebenso einen spirituellen Ansatz. Die Arbeit an der eigenen Person in der Ausbildung unterscheidet sich von der in einer gestalttherapeutischen Selbsterfahrungsgruppe. Denn in der Ausbildung müssen gerade auch die eigenen Schattenseiten aufgesucht werden. Damit man als Gestalttherapeut seine Resonanz auf seine Klienten (seine innere Antwort auf den Klienten) diagnostisch und für die therapeutische Intervention nutzen kann, muss man die eigenen Schattenseiten kennen, sonst kann die Resonanz auf den Klienten verzerrt sein.

Ein Beispiel: Ein erfahrener Kollege arbeitete am Nachmittag eines Therapietages mit fünf Männern hintereinander an Demütigungen durch deren Väter. Das ist doch sehr auffällig. Meist kann man vermuten, dass es etwas mit einem selbst zu tun hat, wenn alle Klienten an einem einzigen Thema arbeiten. Jener Kollege brachte also diese Erfahrung mit in die Supervisionsgruppe. Der Supervisor fragte ihn direkt nach seinem Verhältnis zum Vater. Er brach in Tränen aus und berichtete, wie sein Vater ihm oft das, was er gebaut oder gebastelt hatte, zerstörte, wenn es nicht absolut perfekt war. Mein Kollege hatte das völlig vergessen. Nach dieser Supervisionsarbeit begannen seine fünf Klienten von sich aus ganz unterschiedliche Themen zu bearbeiten – nur einer arbeitete weiter am Thema »Vater«!

Erst nach dieser intensiven Arbeit an der eigenen Person in den ersten
2 ¼ Jahren der Ausbildung beginnen die Trainees die Arbeit mit Übungsklienten und hospitieren in Gestalttherapiegruppen. In unserem zweiten Ausbildungsbaustein, dem »Praxisbaustein

Gestalt« (1 Jahr) finden sie auf diese Weise praktisch heraus, was sie noch lernen wollen und müssen. Aus ihrem Praxiskontakt bringen unsere Trainees viele Fragen mit, die dann in den Lehreinheiten beantwortet werden:

● Wie mache ich ein Erstgespräch?
● Wie einen Kontrakt mit dem Klienten?
● Wie plane ich eine Gestalttherapie?
● Wann ist die Gestalttherapie beendet?
● Wie lange soll die Gestalttherapie dauern?
● Was ist für bestimmte Themen oder Probleme bzw. für spezielle Menschen angemessen?
● Welche Regeln gibt es, was das Beenden einer Gestalttherapie angeht?
● Wie gehe ich mit Therapieabbrüchen um?
● Wie ist das mit den Honoraren?

In dieser Ausbildungsphase ist es unbedingt notwendig, dass die Trainees mit Übungsklienten zu arbeiten beginnen. Dann finden sie nämlich heraus, was sie lernen wollen. Das Gestalt-Institut Köln versteht das Vermitteln von Übungsklienten als Aufgabe des Ausbilders. Denn Selbstzweifel der Trainees wirken sich in dieser Phase erfahrungsgemäß häufig so aus, dass sie dann (Gott sei Dank) keine Klienten »finden«. Auf diese Weise vermeiden sie »gerne« den ersten Praxiskontakt. Das Gestalt-Institut Köln gibt an dieser Stelle Hilfestellung.

Im Praxisbaustein des Gestalt-Instituts Köln beginnen unsere Trainees, die im ersten Ausbildungsabschnitt gelernte Haltung auf das Gegenüber anzuwenden. Auch in diesem Baustein geht es nicht primär um Methodenlernen, sondern vielmehr um die Bereitschaft, dem Klienten zu begegnen. Und darum, sich von ihm berühren zu lassen. Denn später wird aus der inneren Resonanz auf den Klienten die gestalttherapeutische Intervention erwachsen.

Auch in diesem Ausbildungsbaustein spielt die Arbeit an der eigenen Person noch eine bedeutsame Rolle: Sie umfasst ca. 50 % neben dem eben gerade geschilderten Lernen und der begleitenden Praxiserfahrung.

Danach folgt unser dritter Ausbildungsbaustein, der »Aufbaustein Gestalttherapie« (1 ½ Jahre). Erst in diesem Ausbildungsabschnitt, d.h. nach 3 ½ Jahren Arbeit an der Gestalt-Haltung, steht das Erlernen und Einüben von gestalttherapeutischen Methoden und Techniken im Zentrum. In dieser Zeit arbeiten unsere Trainees bereits mit eigenen Klienten bzw. wirken in der von uns initiierten »Gestalt-Ambulanz« mit.

In dieser »Gestalt-Ambulanz« bieten unsere fortgeschrittenen Ausbildungsteilnehmer kurzfristige Beratungen für Menschen in persönlichen Krisen an – kostengünstig, also gerade für alle jene Klienten, die nur über niedrige Einkünfte verfügen. Kontinuierliche Supervision begleitet in diesem Ausbildungsbaustein die Anwendung des Erlernten in der Praxis. Und auch hier hört die Arbeit der »werdenden« Gestalttherapeuten an ihrer eigenen Person natürlich nicht auf. Sie macht in diesem Baustein vielleicht noch 30% aus, neben der gerade erwähnten Einübung von »handwerklichen« gestalttherapeutischen Methoden und Techniken im engeren Sinne.

Die Gestalt-Lehranalyse begleitet den ganzen Lehr- und Lernprozess über diese 5 Jahre. Am Ende der fünf Jahre Ausbildung haben die Trainees dann mindestens 120 Stunden Lehranalyse erhalten.

KLEINE GESCHICHTE DER GESTALTTHERAPIE

Wir könnten hier in der Antike anfangen und beschreiben, wie der Begriff von »Form« und »Gestalt« entstanden ist. Wir könnten im alten Asien beginnen und vorstellen, wie Achtsamkeit, Aufmerksamkeit und Wahrnehmung als Ideal sich entwickelt haben.

Wir könnten natürlich auch bei Sigmund Freud und Wilhelm Reich ansetzen und erläutern, wie die Idee der Psychotherapie sich entwickelt hat. Oder wir würden erzählen, wie die Gestaltpsychologie aufgekommen ist, welche Experimente sie gemacht hat usw.

Aber alles das würde ein ziemlich umfangreiches Lehrbuch mit vielen Namen, Daten, Fakten und Begriffen ergeben, was vielleicht nicht so besonders einladend wäre. Darum fangen wir bei einer ganz speziellen Begegnung dreier Menschen an.

Die drei Menschen sind: Fritz Perls, Lore Perls und Paul Goodman. Fritz und Lore Perls waren deutsche Psychoanalytiker mit starken philosophischen und politischen Interessen. Als Juden, die in der antifaschistischen Liga aktiv waren, verließen sie Deutschland aufgrund des immer stärker werdenden Nationalsozialismus, um nach Südafrika zu emigrieren. Dort lasen sie unter anderem die Artikel eines New Yorkers namens Paul Goodman.

Paul Goodman war ein avantgardistischer Schriftsteller, der mutige Vorkämpfer für Schwulenrechte und anarchistische Kriegsdienstverweigerer. Er beschäftigte sich mit Freud, aber wandte seine Einsichten weniger im Sinne der Psychotherapie an als er vielmehr in ihnen Erklärungen zu finden versuchte, warum die bestehende Gesellschaft dem Neuen ablehnend gegenüber steht, Außenseiter (wie z. B. Schwule) ablehnt und bereit ist, sich im Massenkrieg selbst zu vernichten.

1947 kamen Fritz und Lore Perls dann nach New York. Fritz hatte zusammen mit Lore ein Manuskript für ein Buch angefangen, aber litt an einer Schreibhemmung. Die Konzeption des Buches bestand darin, über Freud hinauszugehen und die Unterdrückung der Libido als Spezialfall der Unterdrückung von Lebensenergie zu sehen. Diese Vorstellung erwuchs aus den Arbeiten des Freud-Schülers Wilhelm Reich. Doch Fritz Perls verstand die Lebensenergie anders als Reich: Während Reich die Lebensenergie für eine Art »Strom« hielt, der unaufhörlich und unwillkürlich flösse, sah Perls, dass das Leben immer mit der aktiven Umgestaltung und bewussten Umformung zu tun habe. Diese Aktivität der Lebensenergie nannte Perls »Aggression«. Außerdem wollte Perls die Einsichten der Gestaltpsychologen einbeziehen, die aufgedeckt hatten, wie »Wahrnehmung« im Menschen funktioniert. In New York nun hatte Perls die Idee, diesen Paul Goodman zu bitten, »sein« Buch zu schreiben. Da Goodman ein armer Schlucker war, bot er ihm dafür 500 Dollar an – für Goodman eine riesige Summe.

Die Zusammenarbeit mit Goodman stellte sich jedoch als nicht so einfach heraus. Goodman hatte seine eigenen Absichten. Er nahm das Geld und die Konzeptionen von Perls und verwirklichte mit ihnen seinen Wunsch, eine kritische Analyse der Gesellschaft zu schreiben.

Herausgekommen ist bei dieser Zusammenarbeit das Buch »Gestalt Therapy« – ein Feuerwerk von kreativen Ansätzen und kritischen Bemerkungen zur Gesellschaft, aber sperrig in der Gedankenführung und keineswegs als Lehrbuch angelegt.[1]

---

1 Eine Lesehilfe bietet: Stefan Blankertz, *Gestalt begreifen* (1996), gikPRESS 2018.

Goodmans Aufnahme der Perls'schen Konzeption
An einem Beispiel wollen wir zeigen, wie Paul Goodman die Perls'schen Anregungen aufgenommen und verarbeitet hat. Das Beispiel ist einem Text von Lore Perls entnommen, weil ihr Beitrag zur Entwicklung der Gestalt-Therapie noch stärker vernachlässigt worden ist als der Goodmans. In einem Vortrag über Friedenserziehung in Johannisburg sagte Lore Perls 1939: »Verdrängung der individuellen Aggression [führt] unweigerlich zu einem Anstieg der universellen Aggression« (in: *Leben an der Grenze*, S. 14f).

Dieser Gedanke veränderte sich durch den Kontext in *Gestalt Therapy* vollständig. Im Vortrag von Lore Perls ist die Unterdrückung der (natürlichen) Aggressivität eine »Schuld« der falschen Erziehung durch die Eltern, ebenso wie sie das Kind als »ungezähmtes Tier, dessen Verhalten ausschließlich vom Lustprinzip geleitet« werde, beschreibt (S. 12). Beides – die Schuldzuweisung an die Eltern und die Sicht des Kindes als »ungezähmt« – entstammt der Psychoanalyse. (Die Ansicht zur Gesundheit der Aggression überwindet bereits die Psychoanalyse.)

In *Gestalt Therapy* wird die Unterdrückung der gesunden individuellen Aggressivität sozialen Strukturen und Institutionen zugeschrieben, nicht individuellen Verfehlungen von Eltern. Denn es wäre ja eigenartig, wenn alle Eltern den gleichen Fehler begehen, die gleiche Schuld auf sich laden würden. (Lore Perls' ursprüngliche Formulierung lässt denn auch »Friedenserziehung« durch individuell richtiges Verhalten der Eltern zu und ist darum individual-therapeutisch brauchbar. In »Gestalt Therapy« wird ganz »untherapeutisch« mehr auf sozialen Wandel abgehoben.)

Ebenso wird in *Gestalt Therapy* die »Ungezähmtheit« der Kinder nicht mehr als objektives Faktum hingestellt, sondern als sozial verursachte Fehldeutung einer der Selbstregulierung folgenden Spontaneität erklärt.

Nach »Gestalt Therapy«

»Gestalt Therapie« ist 1951 erschienen. Es enthält den von Goodman (mit der Inspiration von Lore und Fritz Perls) verfassten theoretischen Teil sowie einen Teil mit im wesentlichen von dem Psychologen Ralf Hefferline entwickelten Experimenten zur Selbsttherapie. Fritz Perls und Paul Goodman waren während der Zusammenarbeit an dem Buch zu erbitterten Gegnern geworden. Fritz Perls ging an die Westküste der USA, um dort als Therapeut zu arbeiten, während Paul Goodman und Lore Perls an der Ostküste blieben.

In den 1960er Jahren reagierten Fritz Perls und Paul Goodman ganz verschieden auf das sich ändernde gesellschaftliche Klima: Paul Goodman engagierte sich aktiv in der Protestbewegung, besonders im Kampf gegen den Vietnamkrieg und im Aufbau von Alternativen zur staatlichen Schule. Fritz Perls wurde zu einem Guru der »human potential«-Bewegung, in der die Menschen versuchten, persönlich mehr aus ihrem Leben zu machen – auch um zu größerer Kraft zu gelangen, die gesellschaftlichen Verhältnisse umzugestalten. Zwischen beiden Reaktionsweisen war zwar kein Widerspruch, aber auch keine echte Berührung.

Mit großer Kreativität entwickelte Fritz Perls die Gestalttherapie weiter, indem er mit vielen Gruppen arbeitete und dort kleine Vorträge hielt – das Schreiben von Büchern war ihm auch später nicht angenehm. Seine zahlreichen Veröffentlichungen erwuchsen meist aus Transkripten von Stegreif-Vorträgen, Demonstrationen und Arbeiten in seinen Workshops. Das ursprüngliche Werk vernachlässigte er, obgleich es objektiv gesehen allen seinen weiteren therapeutischen Bemühung zugrunde lag.

Auf diese Weise ist in der Gestalttherapie ein »Westküsten-Stil« entstanden, der sich durch die charismatische Wirkung von Fritz Perls auszeichnete, sowie ein eher politischer und theoretischer »Ostküsten-Stil«, der auf den Arbeiten von

Lore Perls und Paul Goodman beruhte. Bis heute ist diese Spaltung zwischen West- und Ostküsten-Stil in der Gestalttherapie spürbar. Selbst für die deutschen Gestalttherapeuten gilt, dass es einen prägenden Einfluss auf den Stil hat, ob ihre Lehrer und ihre Neigungen eher zu der einen oder zu der anderen Seite tendieren.

Das Gestalt-Institut Köln ist bestrebt, die alten und heute nicht mehr relevanten Gräben zu überwinden und eine Synthese zu schaffen: Die Unmittelbarkeit, Offenheit, Kreativität und Praxisorientierung von Fritz Perls soll bewahrt werden, jedoch heißt das nicht, dass auf die theoretische Fundierung und das politische Bewusstsein von Lore Perls und Paul Goodman verzichtet werden darf.

Die Einheit der Gestalt: Erving Polster

Unter der Überschrift *Vielgestaltigkeit innerhalb einer stimmigen Theorie* führt Erving Polster, einer der Lehrer von Erhard, aus, was u. E. für die Zukunft der Theorie und Praxis der Gestalttherapie von entscheidender Bedeutung ist (Erving und Miriam Polster, *Das Herz der Gestalttherapie*, Wuppertal 2002, S. 265 ff):

»Die Versöhnung von unterschiedlichen, manchmal scheinbar widersprüchlichen Konzepten ist ein Erfordernis, um die Stimmigkeit einer Theorie beibehalten zu können. [...]
Ich schlage zwei Prinzipien der Stimmigkeit vor, die sowohl die Breite als auch die Punktgenauigkeit der Gestalttherapie würdigen und überdies jeder Therapeutin und jedem Therapeuten ermöglicht, den eigenen Stil und das eigene Repertoire zu pflegen. Diese Prinzipien der Stimmigkeit sind Punkt/Kontrapunkt und Dimensionalismus.
Punkt/Kontrapunkt. Das Verhältnis von Punkt zu Kontrapunkt bezieht sich auf die gleichzeitige Bedeutung von zwei oder mehr therapeutischen Konzepten: Jeweils eins der Kon-

zepte muss die Orientierung geben, während die anderen, genau so gültigen, untergeordnete Funktionen übernehmen. Es gibt viele Beispiele für Punkt/Kontrapunkt-Beziehungen in der Gestalttherapie [...]. Als illustrierendes Beispiel möchte ich auf die Punkt/Kontrapunkt-Beziehung zwischen Prozess und Inhalt eingehen [...]. Prozess und Inhalt sind immer gleichzeitig >aktiv<, obwohl der Therapeut zu einer gegebenen Zeit in der Therapie das eine oder das andere betonen mag.

Es gibt zwei Bedeutungen des Wortes >Prozess<. Eine ist die Erkenntnis, dass der Fluss der therapeutischen Ereignisse das hauptsächliche therapeutische Vehikel ist. Er ist wichtiger als die Aufmerksamkeit, die man einem einzelnen Ereignis oder einer einzelnen Bedeutung schenkt. Der Prozess drückt sich in einer Abfolge von Erfahrungen aus. Das besagt das Konzept des kontinuierlichen Gewahrseins. Indem sich der Therapeut diesem Fluss der Erfahrung widmet, wird er in die Lage versetzt, bei der Wiederherstellung der Bewegung zu helfen, aber unvermeidlich nimmt er auch den Inhalt auf, während sich die Geschichte des Patienten entfaltet.

>Prozess< bezieht sich auch auf das Wie der Erfahrung anstelle des Was [...]. Das >Wie< handelt jedoch vom >Was<. Es gibt kein >Wie< ohne ein >Was<. Eine Person, die grimmig spricht, spricht trotz allem über etwas. Während der Inhalt der Rede der grimmigen Person zeitweise in den Hintergrund treten mag, um sich mit der Grimmigkeit der Sprechweise zu beschäftigen, bleibt der Inhalt gleichwohl lebendig als ein Thema des Kontrapunktes. Vielleicht scheint dies offensichtlich und kaum der Erwähnung wert, aber es gibt durchaus gewaltige Unterschiede zwischen den Gestalttherapeuten hinsichtlich der Frage, wie viel Aufmerksamkeit der Grimmigkeit der Rede und wie viel dem Grimm der Person zu schenken sei. Sowohl den Prozess als auch den Inhalt im Sinn zu behalten, könnte die therapeutische Konzentration auf entweder den Inhalt oder den Prozess verwässern. [...]

Aber den Inhalt zur Seite stellen [...], ist unnötig, und dies zu tun stellt einen hohen Preis dar, wenn dadurch die Ereignisse eines Lebens verdunkelt werden. Diese Konzepte zu verbinden, verlangt eine gleichsam fließende Aufmerksamkeit und eine Sensibilität für den richtigen Augenblick, aber es führt zu mehr Tiefe und Bedeutung in der Erfahrung des Patienten. Wenn ein Patient beispielsweise erkennt, wie er voreilig Schlüsse über seine beruflichen Aussichten zieht, kann er vielleicht in die Lage kommen, sich die Geschichte seiner Entmutigungen wieder anzueignen, sein Leben mit Ereignissen auszuschmücken und neue thematische Möglichkeiten entdecken.

Die Punkt/Kontrapunkt-Beziehung ist eine Variation der Figur/Grund-Dynamik, die für die Gestalttherapie so grundlegend ist. Genau so wie der Widerhall zwischen Figur und Grund eine anregende Quelle ist, könnte die Gleichzeitigkeit von Punkt und Kontrapunkt eine mögliche Quelle für eine pulsierende und komplexe Erfahrung sein. Wir müssen nur auf die musikalische Bedeutung des Kontrapunktes schauen, um die Assimilation von Gleichzeitigkeit zu verstehen – unterschiedliche Melodien klingen manchmal sehr harmonisch, manchmal aufregend dissonant. Das gleiche trifft auf die alltäglichen Erfahrungen zu. Die Wahrnehmung des Sonnenunterganges, während man mit seinem Freund spazieren geht; das Lesen eines Buches, während man sich erinnert, besser den Herd auszustellen; die dämpfende Wirkung einer Enttäuschung, während man eine Übung beginnt – all dies sind Beispiele der Gleichzeitigkeit, und es wäre schwer zu entscheiden, was hervorsticht und was im Hintergrund steht. Auch brauchen wir keine letztendliche Entscheidung wie hervorstechend irgendeine Erfahrung anderen Erfahrungen gegenüber ist.

Die Erfahrung der Gleichzeitigkeit stellt eine Herausforderung für die organisatorische Fähigkeit und den Willen einer Person dar. Aber die Notwendigkeit dieser konfigurierenden Leistung ist unvermeidlich, weil uns Vielgestaltigkeit umgibt und weil die Möglichkeiten, die sich unserer Aufmerksamkeit auftun, nicht einfach in die Kategorien von Vordergrund und Hintergrund fallen. Der Widerhall der Gleichzeitigkeit und die daraus hervorkommenden Muster der Aufmerksamkeit machen den Reichtum der Existenz aus und bilden die Komplexität einer vielgestaltigen Welt der Erfahrung ab. Oder der Widerhall der Gleichzeitigkeit plagt uns mit Ungewissheit und ablenkenden Konflikten, dem Stoff, aus dem die Psychotherapie geformt ist. Aber die Dynamik, die die Gleichzeitigkeit in unserem Gewahrsein erzielt, darf nicht vermieden werden, nur weil sie notgedrungen komplex ist.

Dimensionalismus. Dimensionalismus ist das zweite der Prinzipien der Stimmigkeit. Die Dimensionen von Zeit und Raum sind die Quelle, um unser Selbst zu verorten. Auf der Zeitachse verorte ich mich im Jahr 1998 oder im 20. Jahrhundert oder dem Datum mit Stunde, Sekunde oder Millisekunde. Auf der Raumachse verorte ich mich in meinem Zimmer oder in meiner Stadt, oder ich könnte Ihnen die geographischen Koordinaten angeben.

Auf diese Weise könnten wir uns auch in theoretischen Dimensionen verorten. Die Dimensionen ›Inhalt‹ und ›Prozess‹ gehören dazu. Auf dem einen Ende der Skala konzentriert sich der Therapeut vollständig auf den Prozess und überhaupt nicht auf den Inhalt, während es sich auf dem anderen Ende umgekehrt verhält. Die Therapeuten können sich in ihrer Betonung von Inhalt oder Prozess unterscheiden, ohne ihre gestalttherapeutische Grundüberzeugung preiszugeben. Alles, was von dieser Theorie verlangt wird, ist, dass jeder Therapeut dazu aufgefordert ist, in seinem Stil sowohl den Prozess als auch den Inhalt in einem ihm eigenen Verhältnis und zu einer ihm eigenen Zeit in Betracht zu ziehen.

Unter den Ausbildern der Gestalttherapie gibt es große Unterschiede in der Betonung von Inhalt und Prozess. Als ich selbst ausgebildet wurde, beeindruckte mich diese Bandbreite und zog mich die Freiheit von Stil und Repertoire an. Meine beiden Ausbilder, Paul Goodman und Paul Weisz, nahmen entgegengesetzte Positionen auf der Inhalt/Prozess-Dimension ein. Goodman war stark am Inhalt orientiert, suchte wiederholt nach dem roten Faden im Leben des Patienten. Er handelte wie ein Schriftsteller, der er ja auch war. Seine Neugier und seine begleitenden Provokationen waren dazu da, die Geschichte herauszubringen, die Geschichte mit ihren vielfältigen Kämpfen und mit der darin enthaltenden einzigartigen Natur von jedermanns Leben. Wie eine Person sich ausgedrückt hat, wurde wenig beachtet – nur, wenn es klar war, dass sich das Wie mit der sich entfaltenden Geschichte in die Quere kam.

Paul Weisz arbeitete am anderen Ende der Inhalt/Prozess-Dimension, hielt sich beim kleinsten Detail treu an das ›Wie‹ jedes Momentes der Erfahrung. Hob der Patient eine Augenbraue, machte er untergründig selbstkritische Bemerkungen, hielt er seinen Atem an oder sprach er in resignativen Tönen? Die Anmut der kleinen Beobachtungen war wie die gemalten Pünktchen von Seurats Pointillismus. Bei der sorgfältigen Anordnung von Punkten galt Seurats Aufmerksamkeit der Form und der Farbe und diese überflügelte den Inhalt. Gleichwohl sehen wir beispielsweise in Seurats Gemälde ›La Grande Jatte‹ Leute, Wasser, Boote und Bäume, und wir erhalten einen Eindruck von dem gelebten Leben. Es gibt dort Eltern, die mit ihren Kindern spazieren gehen, Leute in Ruderbooten, Bäume in voller Pracht, stille Begleiter und so weiter. Paul Weisz' Arbeit war durch ihre Aufmerksamkeit gegenüber den kleinen Gewahrseinsakten in ähnlicher Art am Prozess orientiert, aber gleichwohl kamen auf diese Weise die Ereignisse ans Licht, aus denen das Leben seiner Patienten komponiert waren. Obwohl seine Hauptaufmerksamkeit den Details des Prozesses gewidmet war, tauchte das entsprechende inhaltliche Gegenstück immer auf. – Zu den theoretischen Dimensionen, die die Gestalttherapie kennzeichnen, gehören unter anderem

- Kontakt/Gewahrsein,
- Vergangenheit/Gegenwart,
- Kontakt/Empathie,
- Figur/Grund,
- Ereignis/Kontinuität,
- Unterstützung/Konfrontation. [...]

Zusammenfassend: Durch die beiden Themen – Integration von Punkt/Kontrapunkt und Dimensionalismus – können wir grundlegende Themen der Gestalttherapie ansprechen und dabei trotzdem die Freiheit bewahren, diese Prinzipien anzuwenden. Obwohl Einfachheit der Theorie einen besseren Ansatzpunkt zu eindeutigem Handeln gibt, kann dieser Vorteil gewiss dadurch zunichte werden, dass eine Folgsamkeit gegenüber engen Prinzipen verlangt wird. Für jeden einzelnen Therapeuten kann die Verengung des Focusses vorteilhaft sein, weil sie erlaubt, persönlich zwischen verschiedenen Vorgehensweisen auszuwählen zu können. Die Verengung des Focusses ermöglicht es jedem Therapeuten, seinen persönlichen Stil und sein Repertoire zu entwickeln und seine Vorgehensweise den Bedürfnissen des Patienten anzupassen. Ein Problem entsteht erst, wenn diese Stilisierung als die Theorie selbst missverstanden wird und wenn andere dazu gebracht werden sollen, die gleiche Auswahl zu treffen.

Theoretiker und Praktiker müssen darum beide achtsam sein, nicht der Versuchung zu erliegen, die Theorie zu verengen, nur weil sie ihre eigenen Prioritäten in Hinblick auf Stil und Verfahren entwickeln müssen. Die eigenen Prioritäten zu setzen und dennoch den breiten Parametern der Theorie treu zu bleiben, verlangt ein künstlerisches Verständnis von dem Verhältnis zwischen scharfem Fokus und einer pluralistischen Welt der Möglichkeiten.«

LITERATURHINWEISE

Beisser, Arnold, Wozu brauche ich Flügel? Ein Gestalttherapeut betrachtet sein Leben als Gelähmter (1989), Wuppertal 2009

Blankertz, Stefan, Gestalt begreifen: Ein Arbeitsbuch zu Theorie der Gestalttherapie, Wuppertal 2003; jetzt: Köln und Kassel 2018: gikPRESS

Doubrawa, Erhard, Die Seele berühren: Erzählte Gestalttherapie, Wuppertal 2002; jetzt: Köln und Kassel 2018: gikPRESS

Fitzek, Herbert, und Wilhelm Salber, Gestaltpsychologie: Geschichte und Praxis, Darmstadt 1996

Freud, Sigmund, Das Unbehagen in der Kultur (1930), zusammen mit dem *Abriss der Psychoanalyse*, Frankfurt/M. 1973

Goodman, Paul (mit Fritz Perls und Ralf Hefferline), Gestalt Therapy (1951). Neue amerikanische Ausgabe: The Gestalt Journal Press 1994. Dt. Stuttgart 1979 (2 Bände). Neue dt. Übersetzung (2 Bände): Stuttgart 2006 und 2007

Goodman, Paul, Communitas (1947/60), New York 1960 (dt. »Communitas: Lebensformen und Lebensmöglichkeiten menschlicher Gemeinschaften«, Köln 1994)

Goodman, Paul, Nature Heals, ed. Taylor Stoehr, New York 1977 (dt. »Natur heilt«, Köln 1989)

Goodman, Paul, Little Prayers and Finite Experience (Essay und Lyrik), New York 1972 (dt. »Stoßgebete und anderes über mich«, Köln 1992; die Gedichte sind nur interlinear übersetzt); Nachdichtungen einer Auswahl: Paul Goodman, Kleine Gebete, nachgedichtet von Marie T. Martin und Stefan Blankertz, nebst 12 Bildgebete von Georgia von Schlieffen, Hardcover, Fadenheftung, Köln und Kassel 2016: gikPRESS

Perls, Fritz, Was ist Gestalttherapie? (Workshop-Transkripte
und ein Interview 1968/69), Wuppertal 2007; jetzt: Köln
und Kassel 2018: gikPRESS

Perls, Lore, Leben an der Grenze, hg. von Milan Sreckovic,
Köln 1989

Perls, Lore, Meine Wildnis ist die Seele des Anderen: Der Weg
zur Gestalttherapie, Wuppertal 2005; jetzt: Köln und Kassel 2017: gikPRESS

Polster, Erving und Miriam, Gestalttherapie: Theorie und Praxis (1973), Wuppertal 2001

Reich, Wilhelm, Massenpsychologie des Faschismus (1934, re-
vidierte Fassung 1942), Köln 1986

Rosenblatt, Daniel, Gestalttherapie für Einsteiger: Eine Anleitung zur Selbstentdeckung, Wuppertal 2009; jetzt: Köln
und Kassel 2018: gikPRESS

Schoen, Stephen, Wenn Sonne und Mond Zweifel hätten: Gestalttherapie als spirituelle Suche, Wuppertal 1996; jetzt:
Köln und Kassel 2016: gikPRESS

Simkin, James S., Gestalttherapie: Mini-Lektionen für Einzelne
und Gruppen, Wuppertal 1994

Steven, Barry, Don't push the river: Gestalttherapie an ihren
Wurzeln, Wuppertal 2000; jetzt: Köln und Kassel 2018: gik-
PRESS

Wheeler, Gordon, und Stephanie Backman (Hg.), Gestalttherapie mit Paaren, Wuppertal 1999; jetzt: Köln und Kassel
2017: gikPRESS

LITERATUREMPFEHLUNGEN
aus der Edition der Gestalt-Institute Köln und Kassel

I. Gestalttherapie – zur Einführung

Erhard Doubrawa, *Die Seele berühren: Erzählte Gestalttherapie*, Köln & Kassel 2018: gikPRESS. – Erhard Doubrawa arbeitet seit vielen Jahren als Gestalttherapeut in Köln und Kassel. Er ist Gründer und Leiter der Gestalt-Institute Köln & Kassel (GIK), wo er auch als Ausbilder tätig ist. In diesem Buch versammelt der Autor Geschichten, die er vielfach in seiner Arbeit erzählt hat – einzelnen Klientinnen und Klienten, in Workshops und Gruppen. Sie haben schon oft dazu beigetragen, dass Menschen sich wieder öffnen und so von anderen seelisch berühren lassen konnten. Ein Klassiker der Gestalttherapie in einer erheblich erweiterten Neuauflage.

II. Gestalttherapie – persönliche Zeugnisse

Daniel Rosenblatt, *Gestalttherapie für Einsteiger: Eine Anleitung zur Selbstentdeckung*, Köln & Kassel 2018: gikPRESS. – Neben dem legendären Text von 1975, in welchem es Daniel Rosenblatt (1925-2009) gelingt, eine praktische Demonstration der Gestalt-therapie zu geben, enthält dieser Band Fallbeispiele aus der therapeutischen Praxis von Daniel Rosenblatt sowie ein Interview, das Anna und Milan Sreckovic mit ihm führten.

III. Gestalttherapie – die spirituelle Dimension

Stephen Schoen, *Wenn Sonne und Mond Zweifel hätten: Gestalttherapie als spirituelle Suche*, Köln & Kassel 2016: gikPRESS. – »Dieses Buch handelt von der spirituellen Dimension des Kontaktes zwischen Therapeuten und Klienten, besonders aus der Perspektive der Gestalttherapie. Und bitte, lasst es mich gleich am Anfang sagen, falls Euch diese religiöse Wortwahl überraschen sollte: Habt Geduld mit mir! Wie Monsieur Jourdain in Molières Theaterstück, der verwundert war festzustellen, dass er sein ganzes Leben lang >Prosa geredet< hatte, könnte es für Euch Therapeuten und Klienten verblüffend sein, wenn Ihr erkennt, daß Ihr >immer etwas Spirituelles tut<.« Stephen Schoens Buch umfasst eine Reihe von Vorträgen zum Thema Gestalttherapie und Spiritualität, die er an den »Gestalt-Instituten Köln und Kassel (GIK)« gehalten hat. In seiner Einleitung zu dieser Sammlung beschreibt er die Entstehung seiner Ideen im Kontext seines biographischen Hintergrundes und gibt uns Einblick in seinen eigenen Entwicklungsprozess. Zutiefst berührend ist, davon zu erfahren, wie sich in ihm der einst erfahrene Mangel an liebevollen Beziehungen zu einem Reichtum wandelte, der ihn befähigt, seinen Klienten die Erfahrung eines heilsamen Kontakts zu ermöglichen. Es mag überraschen, zu sehen, wie im Verlaufe dieser Entwicklung aus einem schüchternen und ängstlichen Kind ein kontaktfreudiger und liebevoller Mann wurde.

VI. Gestalttherapie – die politische Dimension
Stefan Blankertz, *Gestalt begreifen: Ein Arbeitsbuch zur Theorie der Gestalttherapie*, Köln & Kassel 2018: gikPRESS. – Dies Buch beschäftigt sich damit, wie gestalttherapeutische Praxis und gesellschaftskritische Theorie miteinander verzahnt sein müssen, damit aus Gestalttherapeuten keine Anpassungstechniker werden. 1998 erstmals erschienen, hat es sich seitdem in der Ausbildung von Gestalttherapeuten bewährt und liegt hier in einer überarbeiteten und erweiterten Version vor. Es ist die Quintessenz aus Stefan Blankertz' etlichen Jahrzehnten Studien zu Paul Goodman, Reflexion therapeutischer Theorie sowie Erfahrung in der Aus- und Weiterbildung von Gestalttherapeuten. Es stellt gleichzeitig eine Lesehilfe für das be-

rühmt-berüchtigte Grundlagenwerk der Gestalttherapie von Perls-Hefferline-Goodman dar. Hilarion Petzold, damals Nestor der deutschen Gestalttherapie und international renommierter Wissenschaftler, hat sich wie folgt zu diesem Buch geäußert: »Der Text von Blankertz könnte, wenn man sich mit ihm bzw. mit dem, was aus ihm folgen müsste, gründlich auseinandersetzen würde, einer der wichtigsten Texte aus neuerer Zeit für die Gestalttherapie und die Gestaltszene werden.«

V. Gestalttherapie – das Lexikon

Stefan Blankertz und Erhard Doubrawa, *Lexikon der Gestalttherapie*, Köln & Kassel 2017: gikPRESS. – In übersichtlicher, systematischer und zugänglicher Form erläutert dieses Lexikon die Begriffe der Gestalttherapie (u. a. Aggression, Deflektion, Introjektion, Konfluenz, Kontakt, Projektion, Retroflektion, Selbst usw.) und stellt die Ideen und das Leben der Begründer Laura Perls, Fritz Perls und Paul Goodman, sowie die Weiterentwicklung der Gestalttherapie bis heute dar. Es beleuchtet die vielfältigen Wurzeln und Einflüsse der Gestalttherapie wie Gestaltpsychologie, Psychoanalyse, Phänomenologie, Existenzialismus, Holismus, Wilhelm Reich, Martin Buber usw. Den zentralen Stichworten ist die Etymologie vorangestellt, die interessante Dimensionen eröffnet. Dies Lexikon ist die erste lexikalisch-systematische Aufarbeitung der Gestalttherapie und ein unverzichtbares Hilfsmittel für jeden, der sich mit den Erkenntnissen dieses Therapieansatzes beschäftigen möchte.

VI. Gestalttherapie – die Gründungseltern

Frederick (Fritz) Perls, *Was ist Gestalttherapie?*, Köln & Kassel 2018: gikPRESS. – Gestalttherapie an ihren Wurzeln. Einfach und kraftvoll. Immer im »Hier und Jetzt«. Erlebnis- und erfahrungsbezogen. Denn das, was in der Psychotherapie heilend wirkt, sind schließlich neue Erfahrungen und nicht einfach neue Erklärungen.

Dieses Buch ist ein wichtiges historisches Dokument für die Psychotherapie. Zum großen Teil erscheinen die hier veröffentlichten Texte von Fritz Perls, dem weltberühmten Mitbegründer der Gestalttherapie, zum ersten Mal in Schriftform: Vorträge, Demonstrationen, ein wirklich außergewöhnliches Interview sowie schließlich seine autobiografischen Stichworte. Beiträge von Erhard Doubrawa und Stefan Blankertz zur Bedeutung von Fritz Perls für die Gestalttherapie sowie zur Theorie der Gestalttherapie runden den Band ab und machen ihn so zu einer guten Orientierungshilfe im heutigen Therapiemarkt.

Laura Perls, *Meine Wildnis ist die Seele des anderen: Der Weg zur Gestalttherapie*, Köln & Kassel 2017: gikPRESS. – Die Basis dieses Buches von und über Laura Perls, der Mitbegründerin der Gestalttherapie, bilden die Gespräche zu ihrem »Weg zur Gestalttherapie« mit dem amerikanischen Gestalttherapeuten Daniel Rosenblatt. Anlässlich ihres 100. Geburtstages erschien dieser Klassiker in einer erheblich erweiterten Ausgabe. Hinzugekommen sind weitere Interviews, besonders zum Selbstverständnis der Therapeutin, und zahlreiche Würdigungen der Persönlichkeit und der Arbeit Laura Perls durch Kolleg*innen und Schüler*innen. Laura Perls steht für einen ganz besonderen Stil: für liebevolle Aufmerksamkeit, für Wohlwollen, Einfühlungsvermögen und große Achtung vor den Klient*innen. Die Wendung »Meine Wildnis ist die Seele des Anderen« ist Laura Perls' Liebeserklärung an ihren Freund und Schüler Paul Goodman. Für ihn entsprechen nämlich unsere Straßen einer »Wildnis«, und Laura Perls hat in Analogie zu seinem Denken die Seele zu ihrer Wildnis erklärt, wo sie abenteuern und explorieren konnte, soviel sie wollte.

Stefan Blankertz, **Gestalt begreifen: Ein Arbeitsbuch zur Theorie der Gestalttherapie**, 172 Seiten, 19,80 €, eBook: 12,99 €.

Stefan Blankertz u. Erhard Doubrawa, **Lexikon der Gestalttherapie**, 347 Seiten, 19,80 €, eBook 12,99 €.

Martin Buber, **Heilende chassidische Geschichten:** Martin Buber für Gestalttherapeutinnen und Gestalttherapeuten, ausgewählt und kommentiert von Cornelia Muth, 144 Seiten, 16,80 €, eBook 10,99 €.

Victor Chu, **Neugeburt einer Familie:** Familienstellen in der Gestalttherapie, 359 Seiten, 27,80 €, eBook 17,99 €.

Erhard Doubrawa, **Die Seele berühren:** Erzählte Gestalttherapie, 188 S., 15,80 €, eBook 9,99 €.

Erhard Doubrawa, **Touching the Soul in Gestalt Therapy**, Stories and more, 146 Seiten, 16,80 €, eBook 9,99 €.

Erhard Doubrawa und Frank-M. Staemmler (Hg.), **Heilende Beziehung:** Dialogische Gestalttherapie, 230 S., 22,80 €, eBook 14,99 €.

Paul Goodman, **Kleine Gebete**, nachgedichtet durch Marie T. Martin und Stefan Blankertz, mit 12 Farbimpressionen von Georgia von Schlieffen, 156 Seiten, Hardcover, 29,50 €.

Meister Eckhart: Heilende Texte, übersetzt, herausgegeben und kommentiert von Stefan Blankertz, 171 Seiten, 17,80 €, eBook 11,99 €.

Cornelia Muth, **Das Zwischen?!** Eine dialog-phänomenologische Perspektive, 76 Seiten, 12,80 €, eBook 4,99 €.

Frederick S. Perls, **Was ist Gestalttherapie?**, hg. von Erhard Doubrawa, 161 Seiten, 18,80 €, eBook 12,99 €.

Herausgeber: Erhard Doubrawa
Gestalt-Institute Köln & Kassel (GIK)
GIK Kassel · Hunrodstr. 11 · 34131 Kassel
Fon: 0800 - GESTALT bzw. 0800 - 4 37 82 58
eMail: gik@gestalt.de · www.gestalt.de

gikPRESS

Laura Perls im Gespräch mit Daniel Rosenblatt u. a., **Meine Wildnis ist die Seele des Anderen: Der Weg zur Gestalttherapie**, herausgegeben von Erhard Doubrawa, 248 Seiten, 23,80 €, ebook 15,99 €.

Daniel Rosenblatt, **Gestalttherapie für alle Fälle: Eine Anleitung zum selbstbestimmten Leben**, 92 Seiten 12,80 €, ebook 7,99 €.

Bruno M. Schleeger, **... und wo ist das Problem? ... Zen-Buddhismus und Gestalttherapie**, 428 Seiten, 28,80 €, ebook 18,99 €.

Stephen Schoen, **Wenn Sonne Mond Zweifel hätten: Gestalttherapie als spirituelle Suche**, 118 Seiten, 14,80 €, ebook 9,99 €.

Dorothee Sölle, **Die Hinreise: Zur religiösen Erfahrung**, 152 Seiten, 15,80 €, ebook 9,99 €.

Frank-M. Staemmler und Werner Bock, **Ganzheitliche Veränderung in der Gestalttherapie**, 150 Seiten, 21,80 €, ebook 13,99 €.

Barry Stevens und Carl Rogers (und andere), **Von Mensch zu Mensch: Möglichkeiten, sich und anderen zu begegnen**, 280 S., 23,80 €, ebook 15,99 €.

Gordon Wheeler und Stephanie Backman (Hg.), **Gestalttherapie mit Paaren**, 371 Seiten, 27,80 €, ebook 17,99 €.

Gestaltkritik: Die Zeitschrift für Gestalttherapie. Jahrbücher 2013 und 2014. Je über 300 Seiten. Je 29,80 €.

Ausführliche Leseproben finden Sie auf unserer Homepage **www.gikpress.de** – *Weitere Titel folgen in Kürze.*

Herausgeber: Erhard Doubrawa
Gestalt-Institute Köln & Kassel (GIK)
GIK Kassel · Hunrodstr. 11 · 34131 Kassel
Fon: 0800 - GESTALT bzw. 0800 - 43 78 25 8
eMail: gik@gestalt.de · www.gestalt.de

gikPRESS

Stefan Blankertz
und Erhard Doubrawa
**Lexikon der
Gestalttherapie**
347 Seiten
19,80 €, eBook 12,99 €

Das »Lexikon der
Gestalttherapie«
beschreibt in
übersichtlicher und
leicht zugänglicher
Form die gestalt-
therapeutischen Fachbegriffe (u. a. Aggression, Deflektion,
Introjektion, Konfluenz, Kontakt, Projektion, Retroflektion,
Selbst).

Es stellt die Ideen und das Leben der Begründer (Fritz Perls,
Laura Perls und Paul Goodman) sowie die Weiterentwicklung
der Gestalttherapie bis heute dar. Außerdem beleuchtet es die
vielfältigen Wurzeln der Gestalttherapie wie Gestaltpsychologie,
Psychoanalyse, Phänomenologie, Existenzialismus, Holismus,
Sigmund Freud, Wilhelm Reich, Martin Buber usw.

Dieses Lexikon ist die erste lexikalisch-systematische
Aufarbeitung der Gestalttherapie und ein unverzichtbares
Hilfsmittel für jeden, der sich mit den Erkenntnissen dieses
Therapieansatzes beschäftigen möchte.

by gikPRESS · ISBN 978-3-7431-6244-0

DAS MAGAZIN

für Leser, die ihr eigenes Verhalten – und das ihrer
Mitmenschen – besser verstehen möchten und
Antworten suchen rund um die großen Themen

IHRES LEBENS

Praxisadressen

von Gestalttherapeutinnen und -therapeuten

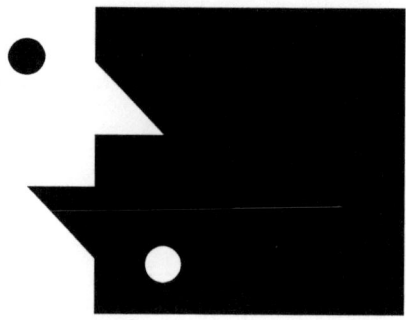

Liste nach Postleitzahlen und weitere Infos
...im Internet:

www.therapeutenadressen.de

www.gestalttherapie.de

...oder für 1,45 € in Briefmarken:

Therapeutenadressen Service
Ludwig-Erhard-Straße 8, 34131 Kassel